Pra você que é emocionado

Pra você
que é
emocionado

Pra você que é emocionado

VICTOR FERNANDES

academia

Copyright © Victor Fernandes, 2024
Copyright © Editora Planeta do Brasil, 2024
Todos os direitos reservados.

Preparação: Valquíria Matiolli
Revisão: Fernanda Guerriero Antunes e Tamiris Sene
Projeto gráfico e diagramação: Márcia Matos
Imagens de miolo: Freepik/Rawpixel
Capa: Camila Catto

Dados Internacionais de Catalogação na Publicação (CIP)
Angélica Ilacqua CRB-8/7057

Fernandes, Victor
 Pra você que é emocionado / Victor Fernandes. - São Paulo: Planeta do Brasil, 2024.
 256 p.

ISBN 978-85-422-2592-1

1. Desenvolvimento pessoal 2. Reflexões I. Título

24-0134 CDD 158.1

Índice para catálogo sistemático:
1. Desenvolvimento pessoal

MISTO
Papel | Apoiando o manejo florestal responsável
FSC® C005648

Ao escolher este livro, você está apoiando o manejo responsável das florestas do mundo outras fontes controladas

Acreditamos nos livros
Este livro foi composto em Lavender extended e Tranquilo e impresso pela Gráfica Santa Marta para a Editora Planeta do Brasil em novembro de 2024.

2024
Todos os direitos desta edição reservados à
EDITORA PLANETA DO BRASIL LTDA.
Rua Bela Cintra, 986 - 4º andar
01415-002 - Consolação - São Paulo-SP
www.planetadelivros.com.br
faleconosco@editoraplaneta.com.br

Para todas as pessoas que têm brilho
nos olhos, empolgação, entusiasmo.

Para todas as pessoas com coragem
de sentir, de demonstrar, de tentar.

Para todas as pessoas que não vieram
ao mundo a passeio.

E para quem quer voltar a ser assim.

Com este livro, quero ressignificar o termo
"emocionado". Quero transformá-lo
definitivamente num elogio. Quero valorizar
o estilo de vida daqueles que estão por
aí aproveitando toda oportunidade boa e
saudável de se encantar, de permitir que os
olhos brilhem e de deixar que o coração se
empolgue.

Por algum tempo, os tais emocionados
foram encurralados com uma necessidade
de adaptação: era preciso se enquadrar ao
frio e racional. Como se sentir, se entusiasmar,
apreciar a beleza dos detalhes, lugares e
conexões fosse irracional. Não é. Nunca foi.

>>

\>\>

Ainda bem que existem os que teimaram. Os que disseram "vou sentir, vou demonstrar, vou viver cada pedacinho da vida que merecer a minha coragem, plenitude e presença". E é para eles, principalmente, que escrevi este livro. Para agradecer a eles. Para celebrá-los. Para que eles jamais mudem.

Um brinde aos que continuam oferecendo sentimentos bons.

Com amor, Victor.

– NÃO É
MUITA
EMOÇÃO?

– TOMARA
QUE SEJA.

PARTE 1

A VIDA É CURTA DEMAIS PARA EU SER MENOS INCRÍVEL DO QUE POSSO SER

Demonstrar é natural pra mim. É como se fosse escovar os dentes, pentear o cabelo, colocar as gotas de adoçante no café. É fácil, é simples, não passa por nenhuma espécie de medo ou receio.

Demonstro, e pronto.

Tiro de mim qualquer sentimento entalado, qualquer vontade que esteja querendo transbordar, qualquer sensação boa que eu sinta que deva tentar transmitir.
Não é um processo, não tem muito filtro. Aliás, tem: o de estarem receptivos ao que quero demonstrar.

Tento. Tento porque assim me livro das dúvidas. Tento para poder partir para outra direção caso o que eu sinto não seja bem--vindo. Poupa tempo, economiza vida, me mantém focado apenas nas coisas que me fazem bem.

DEFINA
O TIPO DE
PESSOA
QUE VOCÊ
QUER SER
E NÃO
DEIXE
NADA TE
IMPEDIR DE
ALCANÇAR
ISSO.

Não quero ter que tentar me diminuir
pra caber.
Quero ser tudo que puder ser.
Com a dimensão real que tenho.
Com a coragem que tenho.
Com a força que mora na minha alma.
Com a intensidade que existe em mim.

Não quero ser menos do que posso ser.
Quero ser tudo.
Muito.
O melhor que consigo.
Crescendo, expandindo, me superando.

Quero oferecer a minha versão mais incrível.

Pra quem merecer.
E, principalmente, pra mim.

SOU SEMPRE EU,
MAS NÃO É
TODO MUNDO
QUE MERECE
O MEU MELHOR.

Eu fiz um acordo comigo: não perco
nenhuma oportunidade de viver as coisas
boas que surgem no meu caminho.
Se valer a pena, tento.
Tento com coragem, tento com vontade,
tento com verdade.

No amor, no trabalho, em todo canto da
vida, sempre que eu perceber que dar o
meu melhor é o certo a se fazer, farei.

Farei, entendendo que não dá para controlar
nada além disso.
Que às vezes tem tudo para ser sensacional,
mas acaba não sendo.
Que não fui fraco, trouxa ou inocente por ter
acreditado no potencial das coisas.

Eu fui eu, da forma mais coerente com aquilo
que trago dentro do peito, da maneira como
a minha consciência fica tranquila, e sinto
paz, do único jeito que sei ser.

Isso basta.

ÀS VEZES,
TUDO QUE
A GENTE VAI
PODER FAZER É
ACALMAR
O CORAÇÃO
E DIZER:
"PELO MENOS
EU TENTEI, NÉ?".

SE VOCÊ
VIER COMIGO,
NÃO VÃO FALTAR
EMPOLGAÇÃO,
ENTUSIASMO...
EMOÇÃO.

O mundo dos emocionados é bem melhor.
Não, não é perfeito. Às vezes as coisas não
saem como o planejado, às vezes a gente
investe muito nos lugares errados, às vezes
a gente é muito onde só podem oferecer
pouco. Mas o mundo dos emocionados
proporciona a consciência tranquila do "pelo
menos eu tentei".

São empolgados com a vida, com os
momentos, com as oportunidades boas
de sentir, de demonstrar, de aproveitar,
de colocar o corpo, a alma, o coração, a
bondade, a fé, o entusiasmo. Não há espaço
para o morno, o raso, o desinteressado.
É interesse sincero, é verdade nas palavras, é
transparência nas atitudes.

Não importam o sonho, lugar, projeto,
relacionamento, os emocionados não têm
tempo para ser pouco, tentar sem

>>

>>

entusiasmo, viver sem profundidade.
Tentam, dão o melhor, entregam as coisas
bonitas que moram neles. Sem medo.

Com medo mesmo. Porque jamais será um
problema ser assim. Jamais.

Nos lugares certos, isso só tem vantagens,
momentos maravilhosos, situações que
trazem paz e, ao mesmo tempo, uma
eletricidade passando pelo corpo.

Que me perdoem os que não são dessa
forma, mas o mundo dos emocionados é um
milhão de vezes mais interessante.
Porque a verdade é que o mundo é mesmo
de quem é intenso e corajoso. Algumas
pessoas só não descobriram isso ainda.
Eu, ainda bem, já descobri.

NEM SEMPRE
RECEBEMOS
O QUE DAMOS.

NEM SEMPRE NOS
ENXERGAM DA
FORMA CORRETA.

NEM SEMPRE
VALORIZAM QUEM
SOMOS.

E ESSAS COISAS
NÃO DIZEM NADA
SOBRE NÓS.

A única coisa que eu quero das pessoas é que elas sejam de verdade comigo.

Não cobro reciprocidade. Não exijo atenção, consideração, gratidão. Não saio por aí bravo por elas não terem sido bacanas comigo.

Só espero delas que deixem claro o que sentem, o que querem, o que pensam, e que sejam espontâneas.

Aí eu decido o que faço com essas informações.

Faça o que combina com a sua verdade.
Faça o que é certo.
Faça o que você gostaria que fizessem contigo.
Faça sabendo que nem sempre vai encontrar gente que agiria do jeito como você age.

Seja o que você acredita, independentemente de encontrar por aí gente sendo desse jeito.
Seja com convicção.
Seja com seus valores, com a sua educação, com o seu caráter.

No final das contas, ou, simplesmente, no final de cada dia, o que vai importar é a sua capacidade de se olhar no espelho e se respeitar.

É sobre conseguir se olhar nos olhos e se orgulhar da pessoa que você está sendo. Isso não diz respeito a ninguém. Isso não tem nada a ver com reciprocidade, consideração, gratidão. Isso é a maior prova de amor por você.

É SOBRE
NÃO DEIXAR
DÚVIDA
DO TANTO
QUE SENTE,
DO TANTO
QUE QUER,
DO TANTO QUE
SE IMPORTA.

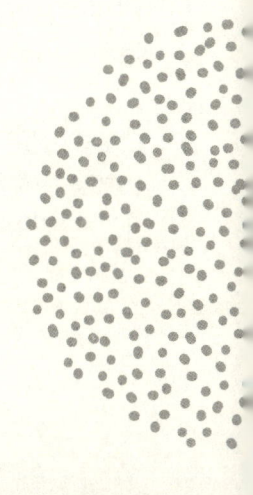

É sobre não ter dúvida do tanto que você significa, do tanto que você importa, do seu lugar na vida de alguém. É sobre o amadurecimento de que não dá pra ser a maior prioridade de alguém, mas dá pra ser uma das coisas mais importantes. É sobre sentir isso, enxergar na prática e não ter margem pra questionamentos do tanto que te querem ali.

É saber os motivos genuínos de te quererem ali. Querem porque viram uma versão real sua e se encantaram por isso. É sobre quem demonstra nos pequenos e grandes gestos, na rotina, nos detalhes.
Porque gosta de graça. Espontaneamente. Sinceramente. Profundamente.

É quem traz alguma espécie de certeza no meio desse tanto de dúvidas e incertezas que a vida oferece.

A GENTE NÃO PRECISA SER PROFUNDO O TEMPO TODO, **MAS TAMBÉM NÃO DÁ PARA FICAR SEMPRE NO RASO.**

Conservo a teimosia de tentar sempre ser o melhor que posso. Isso nem sempre será suficiente para dar conta de tudo, para agradar todo mundo, para fazer algumas pessoas permanecerem. Também não garante que todas as coisas vão sair como o planejado, que sempre vou ficar satisfeito com o resultado dos meus atos, que vou me sentir bem depois de algumas situações.

Não é sobre perfeição, é sobre coragem. Coragem para me refazer depois de o meu melhor não ter trazido aquilo que eu queria. Coragem para encarar o fato de que nem todo mundo vai se encantar com as coisas que tenho para oferecer. Coragem para continuar dando o meu melhor, em outros lugares, com outras companhias, nutrindo outros sentimentos e traçando novos planos sempre que isso for necessário.

>>

\>\>

Porque, como você já sabe, eu mantenho a teimosia de continuar apostando na minha essência e seguindo a beleza que sei que trago dentro do meu coração.

INSISTIR EM SER FELIZ, EM FICAR EM PAZ, EM CUIDAR DE SI MESMO. ESSA TEIMOSIA SEMPRE VAI VALER A PENA.

Admiro você.
Admiro pela insistência nas coisas certas:
amor, gentileza, afeto, sensibilidade.
Admiro por não ter cedido à moda da frieza
e da pouca demonstração.
Admiro você por não ter escolhido o caminho
mais fácil: o de ignorar a essência, de
endurecer o coração, de frear a emoção.

Que bom que você existe.

Com falhas e imperfeições.
Com tempestades e calmarias.
Com emoções e silêncios.
Com toda a bagagem.
Toda.

Admiro sem escolher apenas as partes que
me interessam.
Celebro cada detalhe, cada passo, cada
curva que a sua vida fez.

O resultado é incrível.

NUNCA ACHE QUE
É DIFÍCIL GOSTAR
DE VOCÊ.
É UMA SORTE
IMENSA TE
ENCONTRAR
NO CAMINHO.

VOCÊ É
TANTA COISA.

VOCÊ É UM
UNIVERSO DE
DETALHES.

VOCÊ É TÃO
INCRÍVEL.

VOCÊ É
TÃO VOCÊ.

Quem te conhece de verdade sempre acaba se encantando. As pessoas se encantam pela sua história, pelo seu humor, pelas suas superações, pelo jeito como você trata os outros, pela forma como você enxerga o mundo, pela maneira como você coloca sensibilidade nas suas ações.

Quem se permite ir além do superficial contigo sempre vai pra casa com aquela sensação de: "Caramba, ela é maravilhosa mesmo, hein?!". Sua risada é boa de ouvir.
Te escutar falando é empolgante.
Você traz luz para os ambientes. Você inspira e traz força. Você abraça... com braços, palavras e coração.

>>

\>\>

Você compartilha conselhos e alegrias. Todo mundo que tem olhos doces e gentis quer você perto. É nítido. Você encanta, e, sim, eu já estou ficando repetitivo: te acho incrível, incrível mesmo, aquele tipo de gente que a gente olha e fala: "Eu quero me sentar do lado dela e ouvi-la falar sobre qualquer assunto". Não dá pra passar um dia sem te lembrar disso.

CORAÇÕES
BONITOS
SE
DESTACAM,
MAS SÓ QUEM
TEM UM
OLHAR GENTIL
CONSEGUE
PERCEBER.

NÃO TER
MEDO DE
PARECER
"EMOCIONADO DEMAIS",
PORQUE
SABE QUE
ESTÁ SENDO
SIMPLESMENTE
NATURAL E
ESPONTÂNEO.

Em tempos de fórmulas, roteiros e dicas demais sobre como conquistar alguém, vou na direção contrária e evito qualquer coisa que pregue joguinhos, métodos baseados em frieza e desinteresse, chá de sumiço e essa baboseira toda.

Sou dos que simplificam tudo, mesmo as relações humanas sendo tão complexas.

Digo com todas as letras o que sinto.
Demonstro com todas as atitudes necessárias.
Mostro, comprovo, deixo completamente entendido.

>>

\>\>

Vai soar emocionado demais? Não ligo.
Vai parecer que sou fraco e vão tentar
se aproveitar do que sinto? Amadureci o
bastante para saber identificar sinais e me
proteger.
Vão fugir de mim, porque, hoje em dia, muita
gente não sabe lidar com essa coragem?
Livramento meu.

Ou vivo algo bacana, ou me poupo de viver
algo que não vai me trazer o que mereço.

Ser fiel àquilo que sou é sempre um
excelente jeito de resolver as coisas.
Recomendo.

NÃO TENHO
VOCAÇÃO PARA
SER FRIO,
OFERECER
POUCO E
VIVER AS
COISAS PELA
METADE.

NO FINAL DAS CONTAS, QUASE TUDO VAI SE RESUMIR A TERMINAR CADA DIA COM A CONSCIÊNCIA TRANQUILA E O CORAÇÃO CHEIO DE PAZ.

Tem gente que se entrega rápido. Tem gente que precisa de um pouco mais de tempo para se envolver. Tem gente que se apaixona fácil. Tem gente que precisa viver muitas experiências para fazer sentimentos bonitos nascerem dentro de si.

Tem gente que diz "eu te amo" corriqueiramente. Tem gente que raramente diz, ou nem diz, mas mostra na prática. Tem gente cujo jeito de mostrar que gosta mesmo é trazendo do supermercado aquele pão que você adora, é prestando atenção nos seus gostos, é te agradando com pequenas demonstrações, é te acompanhando silenciosamente nos seus sonhos e planos.

Tem gente que gosta de grandes declarações. Tem gente que não liga muito para datas comemorativas, mas faz a rotina se tornar uma data bonita de ser comemorada. Tem gente que precisa de mais carinho e atenção. Tem gente que tem

>>

\>\>

um jeito mais desapegado de se relacionar. Tem gente que vai ser grudenta com uma pessoa e um pouco menos carinhosa com outras que se relacionarem com ela.

Tem gente que vai se abrir facilmente com uma pessoa e com outras vai demorar mais. Tem gente que é um livro aberto. Tem gente com quem precisaremos ter mais paciência ao ler cada página. É uma longa viagem.

Somos únicos, sabe? Não tem fórmula, não tem roteiro. É preciso disposição, paciência e responsabilidade ao tocar corações. É preciso entender que cada um traz uma bagagem diferente, teve uma criação diferente da sua, viveu histórias e conexões diferentes das que você teve.

Cada um sente e demonstra de um jeito, mas uma coisa é certa: quem sente MESMO sempre vai dar um jeito de demonstrar. Porque amor é prática, e não teoria.

NINGUÉM AMA COMO EU AMO. NINGUÉM SENTE COMO EU SINTO. NINGUÉM QUER COMO EU QUERO. PORQUE CADA PESSOA É ÚNICA.

A PAZ
INIGUALÁVEL
DE SABER QUE
FEZ A SUA PARTE
E QUE É SÓ
ELA QUE VOCÊ
CONTROLA.

Demonstrar é coisa de gente corajosa. Porque você precisa ter coragem para ser vulnerável e lidar com a possibilidade de não sentirem o mesmo. Coragem para bancar o que sente, do jeito que sente, o tanto que sente. Coragem para deixar de demonstrar quando não vale a pena. Coragem para ser exceção e raridade.

Porque se tá na moda agir com frieza, ser alguém desinteressado e não demonstrar o que sente, seja exceção. Continue sendo uma raridade. Continue fugindo da moda. Continue sendo amor, afeto, intensidade. Sempre que valer a pena, seja a sua versão mais bonita.

Porque é isso que importa: sair das coisas sabendo que foi fiel à sua essência e agiu com verdade. A consciência fica sempre tranquila.

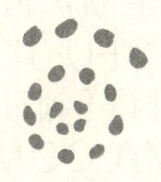

DEMONSTRAR É
COISA DE GENTE
CORAJOSA...

... E RARA.

O PROBLEMA NÃO ESTÁ NO SEU JEITO, NA SUA INTENSIDADE, NA FORMA COMO VOCÊ AGE. VOCÊ SE COMPORTA DO JEITO QUE TODO MUNDO DEVERIA SE COMPORTAR. VOCÊ SE DEDICA, SE IMPORTA, TENTA, DEMONSTRA, FALA, DEIXA CLARO O QUE QUER E O QUE NÃO QUER. EXISTIRIAM MENOS CORAÇÕES FERIDOS SE AS PESSOAS AGISSEM ASSIM.

Talvez o maior ato de liberdade seja dizer ao mundo que você não será aquilo que ele espera que você seja. Isso não significa ser melhor ou pior, significa que você não vai deixar ninguém te moldar.

É ser firme no que diz respeito a não precisar se encaixar em coisas que não fazem bem, em situações incompatíveis com o seu propósito, em não se forçar a receber menos do que acredita que te faria feliz.

Em alguns momentos, a coisa mais favorável a si mesmo é ser do contra.

Se a moda é frieza, seja quente.
Se a regra é ser contido, seja quem chega abrindo sorrisos.
Se estão acostumados com o pouco e o medíocre, chegue oferecendo um universo de possibilidades maiores e melhores.

>>

>>
No final das contas, você nunca, nunca mesmo, tem que se contentar em ser apenas mais um.

A sua versão original é maravilhosa e tem lugar neste mundo.

TODA VEZ
QUE OFERECER
O SEU MELHOR
E FIZER A SUA
PARTE, LEMBRE
QUE É SÓ ISSO
QUE VOCÊ
CONTROLA
E DEPENDE
DE VOCÊ.

Pra ser intenso tem que ser verdadeiro.
Tem que saber o que sente, o que quer,
o que planeja, sobre o que tem dúvida.
É preciso sempre levar junto a capacidade
de direcionar de maneira sábia tudo
o que sente.

Intensidade sem essas coisas vira caos,
porque, ao chegar prometendo coisas,
fazendo planos e dizendo que tem
sentimentos que ainda nem sabe se tem,
você bagunça a sua vida e a vida do outro.

Não digo para você ser contido.
Jamais daria esse conselho.
Digo para agir de maneira condizente ao
que sente. Ser real, sabe? Chegar oferecendo
o que pode oferecer, do jeito que pode
oferecer, o tanto que pode oferecer.

>>

\>\>

Sem fingir algo a mais.
Sem dizer que quer, sem querer.
Sem despertar propositalmente expectativas
que não pretende cumprir.

Ser pouco, se só puder ser pouco.
Ser muito, se realmente tiver muito para dar.

É mais do que responsabilidade afetiva,
é bondade.

INTENSIDADE
SEM VERDADE
E EQUILÍBRIO
ACABA
MACHUCANDO
TODOS OS
ENVOLVIDOS.

SER DE
VERDADE NÃO
CUSTA NADA,
MAS VALE
MUITO.

Valorize quem olha nos olhos e tem coragem de dizer a verdade, mesmo que ela não te agrade, mesmo que ela seja bem diferente daquilo que você estava esperando, mesmo que por algum tempo ela seja difícil de aceitar.

A verdade é a coisa mais importante em qualquer conexão humana.

Falar a verdade, escutar de verdade, entender de verdade, ser de verdade.

Porque não dá para controlar o que a gente quer e sente, não dá para fazer brotar dentro de nós coisas que só surgem espontaneamente, não dá para esconder por muito tempo as que precisam transbordar.

Dá para tocar os outros com sinceridade, com gentileza, com respeito.

>>

\>\>

Sei que às vezes a gente quer muito além disso, mas, se chegarem com a verdade, agradeça e retribua.

Parece o básico (e deveria ser), mas tem se tornado raridade.

Tem coisa que a gente não controla, sabe?
Tem incêndio dentro da gente sobre o qual
não conseguimos jogar baldes de água fria.
Tem conexão que depois que surge nos
atropela e nos desnorteia, principalmente por
sermos intensos demais.

Às vezes, a gente fala que vai se envolver
devagar, que vai andar com o pé bem
próximo do freio, mas, olha, quem é intenso
sabe que não dá pra andar num ritmo lento
quando o coração está chegando a 500 km/h
e acelerando, acelerando, acelerando.

"Olha que decoração linda de casamento
na praia."
"Que nome você acha legal para filhos?"
"Já aprendi que cê não gosta disso e que
gosta disso e disso e disso."
"Onde cê vai passar o réveillon? Sim, eu sei
que ainda é junho."
"Um filho nosso nasceria com uma boca
linda, né?"

>>

\>\>

Só quem é intenso sabe que o cedo demais para falar algumas coisas funciona com fuso horário especial para nós.

Tem coisa da qual não dá pra fugir. Tem coisa que não dá pra guardar. Tem faísca que na primeira oportunidade vira um incêndio gigante. A gente até finge no começo que vai ser menos emocionado, mas não nascemos para o frio e desinteressado. Se a gente vê uma chance boa de ser feliz, caramba, a gente se joga naquilo.

Porque ser intenso é uma dádiva, e só se torna uma maldição quando a gente não usa essa intensidade com maturidade. E, veja bem, depois de tantas quedas e decepções, quem é intenso ganha uma casca e um radar incríveis: a gente percebe logo quando algo não vale a pena, ou, pelo menos, percebe rápido. Não nos enganam por muito tempo.

\>\>

\>\>

A gente até se apressa, mas a maturidade faz a gente ir a 500 km/h de um jeito seguro, que só quem é intenso e maduro sabe.

INTENSO, MAS NÃO COM TODO MUNDO NEM EM TODO LUGAR. INTENSO COM AQUILO QUE MERECE INTENSIDADE.

Que você encontre o ritmo certo para se emocionar, e isso não significa esconder a emoção, fingir que não tem determinados sentimentos, fazer joguinhos.

Significa ter a maturidade de prestar atenção onde você está pisando.
Significa ir demonstrando de uma forma saudável, sem depositar sua felicidade naquilo.
Significa, sobretudo, amar e levar o amor-próprio junto.

É sobre não tornar suas demonstrações algo que te leve à exaustão, que pareça um esforço descomunal, uma maratona.

Relações precisam fluir.
Precisam ser equilibradas.
Precisam ter sintonia.

Não existem regras e roteiros. Não existe uma velocidade certa e ideal. Existem você e o outro. Duas pessoas, dois corações, duas histórias.

QUE AQUILO QUE VOCÊ TEM PARA OFERECER SEJA SEMPRE REAL, VERDADEIRO E FEITO DE CORAÇÃO.

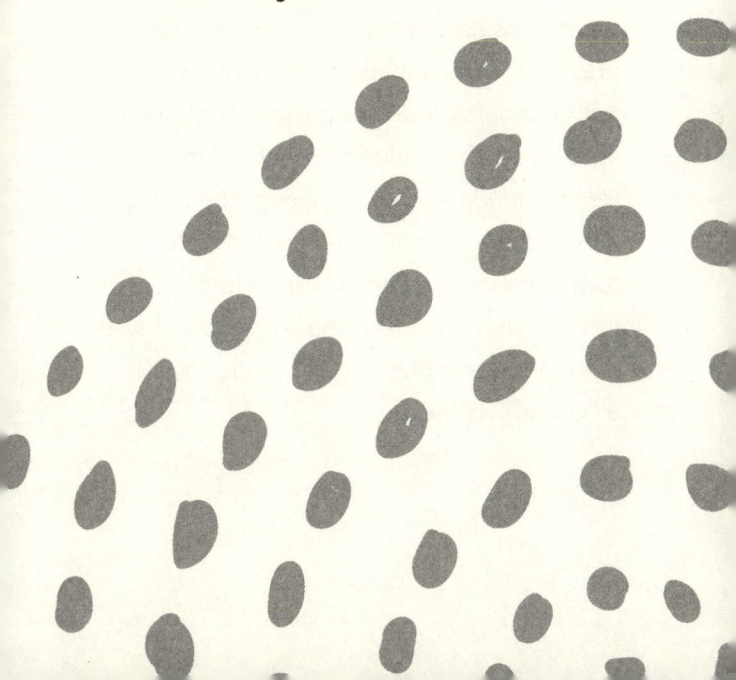

O jeito como você trata os corações com os quais se envolve diz muito sobre você. O jeito como você respeita quem passa e quem fica em sua vida revela muito sobre seu caráter, seus valores, sua bondade. Claro que erramos, claro que vez ou outra machucamos pessoas, mas a tentativa de fazer de tudo para não ferir alguém, de ser honesto, respeitoso e responsável com aqueles que se conectam contigo, e o quanto você aprende com os erros, diz demais sobre quem você é. Não só com as pessoas pelas quais você se interessa, não apenas com as que te atraem e que você quer por perto. Todas as pessoas com quem você se envolve merecem honestidade e responsabilidade afetiva. Dizer o que sente, deixar claro o que quer, ter cuidado, não iludir e, principalmente, agir do jeito que machuque menos, isso não custa nada. Isso é uma régua boa para medir o quão maduro e honesto você é.

O CUIDADO E
O RESPEITO
COM QUE VOCÊ
TOCA OUTROS
CORAÇÕES
DIZEM MUITO
SOBRE A BELEZA
DO SEU.

PARTE 2

OFEREÇA O QUE VOCÊ É, O TANTO QUE VOCÊ É, NOS LUGARES QUE MERECEREM ISSO

SEJA UMA
BOA PESSOA,
MAS PROTEJA
O SEU CORAÇÃO.

AME MUITO,
MAS SE AME
MUITO MAIS.

DÊ O SEU
MELHOR,
MAS SÓ FIQUE
ONDE ISSO
VALHA A PENA.

Não sei onde, com quem e como você está agora, mas torço de verdade para que você esteja no lugar certo. Lugar certo é onde você pode ser incrível do jeito que você é, onde você pode transbordar todas as coisas boas que existem em você, onde você fica confortável para ser você, onde tem apoio, acolhimento, impulso, incentivo, torcida sincera. Lugares em que você consegue estar com a mente, a alma e o coração todos em sintonia e no mesmo lugar. São pessoas, relacionamentos, projetos.

Espero que você tenha esses lugares certos. Que você saiba se despedir dos lugares que já não te cabem ou não fazem bem.

QUANDO ESTAMOS
NOS LUGARES
CERTOS, NOSSA
ESSÊNCIA AVISA,
NOSSO CORPO
AVISA, NOSSA
INTUIÇÃO AVISA,
TUDO AO NOSSO
REDOR DÁ SINAIS.
FICA LEVE E
CONFORTÁVEL,
E CADA PARTE
FAZ SENTIDO.
EMPOLGA, ACALMA,
FAZ SORRIR,
EMOCIONA, AJUDA
A CRESCER, ENSINA,
CONTRIBUI PRA VIDA
FICAR MELHOR.

Você merece alguém que perceba seus detalhes, dos mais simples aos mais complexos, dos que quase ninguém percebeu e daqueles que todo mundo nota, da sua versão mais superficial até a sua versão mais profunda. Alguém que te enxergue com calma e paciência. Com amor e com afeto. Com olhos de realidade e imperfeição. Alguém que te veja não como uma pessoa para preencher uma lista de expectativas, e sim com olhos de surpresa e encantamento.

Você merece alguém que não te faça precisar traduzir a sua essência o tempo todo. Que preste atenção nas coisas que você fala, na sua história, nos seus passos e planos. Pra que você não precise ficar constantemente se explicando, e encontre acolhimento e compreensão.

Você merece alguém que sinta com a mesma coragem. Que tente com a mesma disposição.
Que viva com a mesma intensidade.

NUM MUNDO
EM QUE QUASE
NINGUÉM CHEGA
DISPOSTO A SE
ESFORÇAR, A
TENTAR E A DAR
O SEU MELHOR,
VALORIZO
DEMAIS QUEM
VEM COM ESSA
CORAGEM.

VOCÊ É PRA QUEM TEM CORAGEM, PRA QUEM VEM COM DISPOSIÇÃO, PRA QUEM CHEGA QUERENDO VIVER ALGO QUE REALMENTE VALHA A PENA.

Um emocionado só quer um lugar seguro
pra poder ser tudo que se é.
Sem se diminuir pra caber.
Sem se forçar a se distanciar da própria
essência.
Sem fugir do que sente, do tanto que
sente, do jeito que sente.

Um emocionado só quer poder ser real.
Humano, imperfeito, sensível, vulnerável.
E se sentir abraçado.
Podendo, sem medo (ou ainda com um
pouquinho de receio), oferecer tudo de mais
verdadeiro que existe ali dentro.

Um emocionado só quer outro emocionado.
Pra demonstrar sem firulas.
Pra ligar quando quiser ligar, pra dizer
quando quiser dizer, pra ser quando perceber
que vale a pena ser.

Pra viver plenamente, com a certeza de que
nenhum detalhe foi menos do que deveria
ter sido. Pra ser galáxia inteira, não apenas
um cometa.

NAS COMPANHIAS CERTAS VOCÊ NÃO PRECISA SEGURAR A EMOÇÃO.

EU TE DESEJO
A SORTE DE
PODER SER
100% VOCÊ
COM ALGUÉM.

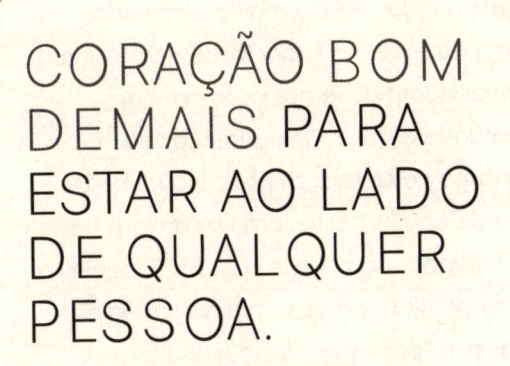

CORAÇÃO BOM DEMAIS PARA ESTAR AO LADO DE QUALQUER PESSOA.

Talvez um dos efeitos mais evidentes da
maturidade seja a capacidade de escolher
melhor quem deve nos acompanhar.
A verdade é que muita gente faz figuração,
muita gente só está ali por curiosidade ou
falta de opção. Muitos ombros amigos não
são amigos, são apenas ouvidos fofoqueiros.
Muita gente tá perto só pra criticar, só pra
atrasar, só pra sugar nossa energia.

É lindo quando a gente desenvolve essa
percepção de que é preciso desapegar,
e que desapego, por mais clichê e repetitivo
que possa parecer, é uma das coisas mais
importantes e necessárias da vida. Filtrar,
selecionar bem as companhias e energias
que penetram nossa vida.

Porque, meu amor, um dia você vai olhar
pra trás e agradecer por ter escolhido bem.
Sobra espaço na vida, espaço para o que
vale realmente a pena.

VOCÊ NÃO
É EXIGENTE
DEMAIS, VOCÊ
É APENAS É
ALGUÉM QUE
DESCOBRIU O
QUE MERECE
E NÃO VAI
ACEITAR MENOS
QUE ISSO.

Encontrei uma blusa sua nas minhas coisas.
Se fosse um tempo atrás, isso seria suficiente
para uma viagem nostálgica. Me lembraria
de tudo que vivemos, de tudo que eu senti,
de toda a bagunça que ficou quando eu
decidi ir embora. Ainda tem seu cheiro nela,
e eu não sei identificar se o cheiro vem do
tecido ou das minhas memórias vivíssimas.
Eu poderia fingir que não senti nada, mas eu
senti. Senti paz.

Por alguns minutos me questionei se sentir
paz seria ingratidão com nossa história.
Se me sentir bem ao não sentir um turbilhão
de sensações seria me tornar indiferente ao
que vivemos e sentimos.
Mas, não, não foi indiferença nem desprezo.
Não foi algo ruim. Foi apenas a sensação
bonita de que consigo olhar com carinho
para nós. Olhar com doçura e maturidade.
Olhar sem desejo de tentar reescrever outra
história, outros capítulos, outras páginas.

>>

\>\>

Já chorei por você, já perdi noites por você, já perdi o rumo por você, e você chorou por mim, perdeu noites por mim, perdeu o rumo por mim. Espero que quando você encontrar uma blusa minha também sinta paz, também sinta leveza, também sinta que não é ingratidão se sentir bem. Porque é um momento lindo quando a gente deixa de chorar por alguém e percebe que a vida segue bem sem essa pessoa. A minha vida .seguiu, a sua seguiu, ainda bem.

ESTOU MELHOR SEM ALGUMAS PESSOAS, TEM GENTE QUE ESTÁ MELHOR SEM MIM, E ASSIM A VIDA SEGUE.

ALGUMAS PESSOAS NOS PERDEM, OUTRAS NOS GANHAM, MAS A VITÓRIA MAIS IMPORTANTE É SABER QUE CONSEGUIMOS SER FELIZES SOZINHOS.

NÃO PRECISA
SER PRA
SEMPRE PRA SER
MARCANTE.

ÀS VEZES NEM
PRECISA DURAR.

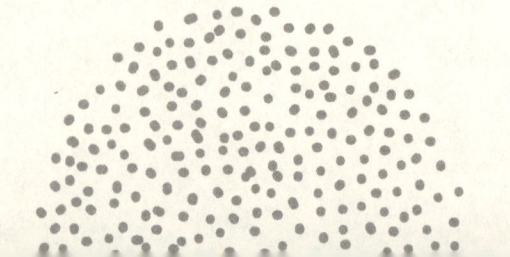

Não estarmos juntos parecia uma enorme
afronta ao Universo, mas nós sabíamos que
era a melhor escolha, era, sim, a melhor
decisão. Não estarmos juntos foi uma decisão
de amor, mesmo que tenha envolvido dor.
Finalmente entender que esse era o melhor
caminho exigiu uma coragem absurda,
minha e dela.

Não estarmos juntos parecia transformar
o mundo em um lugar mais feio, cinza e
triste, por mais que soubéssemos da nossa
insignificância, por mais que soubéssemos
que o mundo continuaria girando, girando e
girando. As pessoas perguntariam por nós e
se surpreenderiam com o fato de estarmos
seguindo rumos distintos. Sim, já era um
tanto complicado para as pessoas nos
enxergar separados.

Em boa parte do tempo, estávamos
sintonizados e conectados de maneira tão
leve e bonita que quase parecíamos ser

>>

\>\>

um só. Sim, tínhamos nosso próprio universo
particular. Meu mundo e o dela dançavam
no mesmo ritmo. Tudo soava como uma
música boa tocando no rádio do carro
durante uma viagem boa para
um lugar bom.

Mas ali estávamos nós, desatando os nós,
voltando a ser como éramos antes de
a história começar, por mais que jamais
voltássemos a ser o que já fomos.
Mudamos, crescemos, aprendemos demais.
Ela me ajudou a crescer e ver o mundo de
maneira diferente. Eu a ajudei a levar a vida
de um jeito mais doce, a gostar de tatuagens
e de *How I Met Your Mother*. Iríamos
carregar eternamente pedaços um do outro,
como uma tatuagem bonita num cantinho
bonito do coração.

\>\>

\>\>

O fim, ora, o fim não precisa ser feito de
furacões e destruições. O fim não precisa
ser uma guerra, não precisa causar estragos,
não precisa manchar a história que foi vivida.
E eu sei que essa é uma história rara, que
geralmente os romances terminam como
se um trator passasse por cima de qualquer
sentimento bom e que as únicas coisas que
ficassem de pé fossem o rancor e as mágoas,
mas nós, ainda bem, éramos uma belíssima e
inesquecível exceção.

COLOCAR O CORAÇÃO
EM TUDO, VIVER
COM VERDADE E
INTENSIDADE,
TER EMPATIA NA HORA
DE TOCAR O UNIVERSO
DE ALGUÉM,
TER MATURIDADE
PARA ENTENDER QUE
CICLOS COMEÇAM
E TERMINAM.
TALVEZ ESSA SEJA
A FÓRMULA PARA VIVER
AS COISAS DE UM
JEITO LEVE E SEGUIR
EM FRENTE COM A
SENSAÇÃO DE PAZ.

A META
SEMPRE
VAI SER
NÃO TER
NADA MAL
RESOLVIDO
NA MINHA
VIDA.

ESCOLHA AS PESSOAS QUE TE TRAZEM PAZ E CALMA. O MUNDO JÁ É UM LUGAR DIFÍCIL DEMAIS, OPTE PELA LEVEZA. ESCOLHA QUEM TRAZ SENSAÇÕES BOAS, NÃO QUEM DEIXA TUDO MAIS COMPLICADO.

QUANDO DIGO
QUE NÃO ESTOU À
PROCURA DO AMOR,
NÃO SIGNIFICA
QUE MEU CORAÇÃO
ESTEJA FECHADO,
SIGNIFICA QUE
ESTOU VIVENDO
A MINHA VIDA. SE
ALGO ACONTECER,
SERÁ NATURAL,
ESPONTÂNEO E,
PRINCIPALMENTE,
TERÁ QUE VALER
MUITO A PENA.

Claro que eu quero um relacionamento.
Claro que eu quero construir um montão de coisas ao lado de alguém, dividir um tantão de momentos bons, dores, sorrisos.
Claro que eu quero formar uma família, enfrentar as dificuldades, ficar velhinho ao lado de outra pessoa.
Seria incrível. Será incrível.
Eu quero um relacionamento, não quero é um relacionamento qualquer.
Não quero esses relacionamentos que eu vejo por aí.

Tô fora, sabe? Fora desses romances que cortam a liberdade, que não têm parceria, em que falta maturidade, que são cheios de joguinhos. Tô fora desses romances sem perspectiva, de ser tratado como contatinho, de não poder mergulhar, porque me oferecem apenas o raso. Não quero perder tempo, entende? Não quero investir minha intensidade nos locais, pessoas e

>>

\>\>

relacionamentos errados. Não quero perder
energia, saúde mental, fé nas pessoas. Quero
um relacionamento que venha dançar com
a minha paz.

Se vier pra somar, somaremos. Se vier pra
construir, construiremos. Qualquer coisa
diferente disso, rejeito. Tô tão de boa sozinho.
Tô tão em paz. Tô cheio de amor-próprio.
Sei o que eu mereço. Sei o que devo aceitar.
Sei do que preciso, e não preciso desses
relacionamentos meia-boca tão comuns
por aí.

NÃO SE CONTENTAR COM COISAS MEDÍOCRES POR MEDO DE NÃO ENCONTRAR AS COISAS INCRÍVEIS.

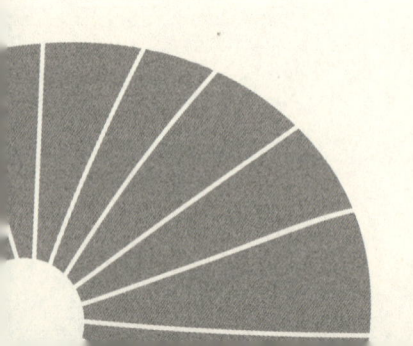

Quem quer de verdade faz mesmo um palitinho de fósforo virar vela de aniversário, faz quaisquer cinco minutos serem bem aproveitados, faz qualquer ligação ser um abraço.

Quem quer de verdade junta o dinheiro da passagem, diz que a distância é pequena perto do tamanho da vontade de te ter perto, faz a banquinha de cachorro-quente ser um banquete.

Quem quer de verdade não se esconde atrás de desculpinhas esfarrapadas, não coloca a culpa na falta de tempo, não fica enrolando. Quem quer de verdade tem a responsabilidade afetiva de dizer: "Olha, ainda estou com o coração mal resolvido, mas irei resolver pra ficar ao seu lado, não precisa me esperar, mas saiba que eu quero tentar algo assim que eu estiver emocionalmente disponível".

>>

\>\>

Quem quer de verdade não se prende a bobagens, não deixa detalhes atrapalharem, não perde tempo com futilidades. Te quer, e pronto. Te quer agora, hoje, já, amanhã, na segunda e na sexta-feira, no inverno e no verão, nos dias bons, nos dias ruins, nos dias mais ou menos. Simplesmente quer. Simplesmente tenta fazer acontecer.

QUEM TE QUER
NA VIDA ABRE A
PORTA, OFERECE
UM LUGAR BOM,
TE TRATA BEM
E FAZ VOCÊ SE
SENTIR EM CASA.

Reconheça quando não te merecem.
Quando seus esforços são infrutíferos.
Quando suas demonstrações são ignoradas.
Quando se aproveitam da sua dedicação e entrega, e não retribuem.

Reconheça quando você é muito para determinado lugar ou companhia.
Quando um ciclo já terminou.
Quando existem sinais de que é hora de mudar de direção.

Reconheça a sorte que é te ter na vida e faça o que for preciso para estar onde também reconheçam isso.

VOCÊ NÃO
É MÁ PESSOA
POR ESTAR
FAZENDO
COISAS QUE
PROTEGEM A
SUA PAZ E O
SEU CORAÇÃO.

A GENTE PRECISA ENTENDER DE UMA VEZ POR TODAS QUE, QUANDO ALGUÉM NÃO NOS VALORIZA, ISSO NÃO É PROBLEMA NOSSO.

Sempre haverá alguém que não vai
conseguir lidar com nosso amor, vai ser
indiferente, até um pouco rude às vezes.
Vai nos machucar, entende? Talvez não por
mal, talvez por medo, talvez por amar
outro alguém.

Só esteja preparado para um dia amar e
não ser amado, acontece com todo mundo.
Pode te devastar por uns dias, pode ferir tua
autoestima, mas acredite: todos nós estamos
sujeitos ao não amor, à rejeição, ao vácuo.

Aprenda a ser forte, a estar pronto para
permanecer, mas também a saber ir embora.
Ninguém manda no coração. Por isso a
gente tem que cuidar tão bem de quem é
recíproco, porque reciprocidade, meu amor, é
algo raro e espontâneo; recebê-la é dádiva.

QUE VOCÊ
SEMPRE SAIBA
PARA ONDE
NUNCA MAIS
VOLTAR.

Sempre tem aquele alguém que nos balança, mas a quem já não vale a pena dar chances, porque andar pra trás só vai nos machucar de novo.

Sempre tem aquele alguém com quem a gente viveu histórias bonitas, mas que o coração avisa: não vale mais a pena.

Porque a gente seguiu, viveu novas histórias, aproveitou novos momentos, mudou.

Foi bom, mas não tem mais espaço na nossa vida. Caminhamos felizes em outras direções.

>>

\>\>

Você às vezes pensa em procurar, pensa em mandar uma mensagem, um simples "tá tudo bem com você?". Você às vezes pensa em gestos para mostrar que ainda está ali, que ainda se importa, que ainda valoriza.

Mas não vai atrás.

Porque sabe que algumas coisas precisam ser apenas passado, não presente e, de jeito nenhum, futuro.

Isso é uma vitória gigantesca.

QUE VOCÊ
NUNCA MAIS
TENHA DOR
NAS COSTAS
DE TANTO
CARREGAR
UMA RELAÇÃO
SOZINHO.

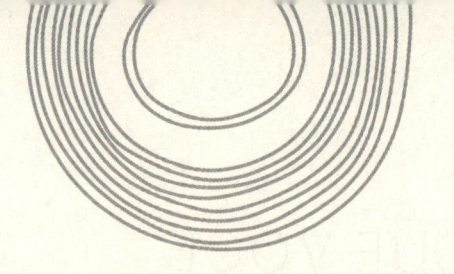

QUEM AMA
POR DOIS SAI
MACHUCADO
EM DOBRO.

De ausência em ausência, a gente descobre novas companhias, novos jeitos de ser feliz. De ausência em ausência, a gente vai aprendendo a ficar de boa, para de sentir falta, sabe? De ausência em ausência, a gente para de se importar, para de querer, deixa pra lá o desejo, a vontade, o interesse.

De ausência em ausência, o número na agenda se torna apenas uma sequência de números qualquer, às vezes perde até o sentido de se manter salvo. De ausência em ausência, paramos de tentar descobrir maneiras de se aproximar, de buscar reforçar uma conexão que já está desaparecendo.

De ausência em ausência, vai virando passado, abrindo espaço para novas pessoas, vai sendo excluído do presente e do futuro. De ausência em ausência, a gente aprende a ficar bem sozinho e para de justificar desinteresses.

NÃO GASTO ENERGIA CORRENDO ATRÁS DE NINGUÉM, PORQUE EU SEI QUE QUEM QUER ANDAR AO MEU LADO VAI ANDAR AO MEU LADO.

QUE VOCÊ SEMPRE TENHA HABILIDADE E MATURIDADE DE SOBRA PARA DIZER: EU NÃO VOU SOFRER POR ISSO.

Um dia a gente percebe que nosso lugar não é ali. Não somos bem-vindos, afinal. Tentamos de tudo para fazer dali a nossa casa, mas, cê sabe, sentimento forçado não floresce. Não adianta. E, por maior que seja o nosso amor, percebemos que isso não é o bastante.

Ir embora é a única opção.
Ir embora levando uma tonelada e meia de sentimentos bons.
Ir embora carregando planos bonitos e vontades tão incríveis.
Ir embora com uma enorme pergunta:
"O que é que eu faço com todo esse amor?".

Dê a si mesmo – algo dentro de nós responde depois de um tempo.
E a gente vai percebendo que a vida continua, mesmo com esse amor enorme dentro do peito.

>>

\>\>
Ele vai se transformando.
Nós vamos construindo nossas versões
novas.

No final das contas, fizemos o que podíamos,
oferecemos o melhor que tínhamos.
E tudo bem.
Sempre fica tudo bem.
Missão cumprida, mesmo que não pareça.

É vida que segue outra vez.

DEU ERRADO
MESMO OU,
SIMPLESMENTE,
NÃO ERA A
COISA CERTA
PRA VOCÊ?

Se for pra ser e fizermos a nossa parte,
a gente sempre vai se encontrar, se
reencontrar, se encantar mais uma vez.
Se for pra ser e o que sentimos for forte
mesmo, sempre estaremos ligados de uma
forma bonita, mesmo que os corações
estejam distantes e a vida nos empurre para
outro caminho.

Se for pra ser, a gente sacode este planeta.
Chama a atenção de toda a galáxia.
Mesmo se estivermos apenas deitados no
sofá da sua sala.

Se for pra ser, o tempo longe só vai
fortalecer.
Os dias de silêncio só vão trazer boas
confirmações.
As músicas na rádio serão sinais bonitos de
que a gente precisa de mais uma dança e
de uma noite olhando a Lua e contando
estrelas.

>>

\>\>

Se for pra ser, a gente se encontra em
São Paulo.

Em Brasília.
Na Califórnia.
Ou na Índia.

Se for pra ser, meu bem, a gente vive todos
os clichês do mundo, faz mágica parecer real,
faz contos de fadas existirem e em qualquer
dimensão a gente se beija até o mundo
entender que meu coração e o seu gostam
mesmo é de estarem lado a lado.

FAÇO A MINHA PARTE E DIGO: "SEJA O QUE DEUS QUISER…". SEMPRE É.

EU E MINHA MANIA DE CONTINUAR ACREDITANDO QUE AS COISAS VÃO DAR CERTO, QUE OS DIAS SERÃO MELHORES, QUE OS AMORES SERÃO BONITOS.

Tomara que a próxima história seja melhor, né? Que tenha tudo que faltou na última e tudo mais que é necessário para fazer as histórias darem certo. Que ela tenha amor, reciprocidade, fidelidade, entrega, cumplicidade, respeito, sorriso, superação.

Que te dê tudo aquilo que você espera, e que, quando não for igual às expectativas, seja o que você precisa no momento. Que chegue e te ajude a arrumar a bagunça que você carrega e que você contribua para que o outro se torne também alguém melhor.

Que tenha cara de presente e futuro. Que te mostre que vale a pena continuar acreditando no amor e sendo uma pessoa intensa, dedicada e profunda.

É SOBRE SE APAIXONAR PELA FORMA COMO TE TRATAM, PORQUE TODAS AS OUTRAS COISAS VOCÊ CONSEGUE SEM PRECISAR DE ALGUÉM.

Quando sabe se é açúcar ou adoçante.
O lado que você dorme na cama. Saber
que você gosta do canto da parede é
fundamental. "Com ou sem coentro?"
Com, ela gosta. Se você prefere suspense ou
uma comédia romântica dos anos 1990 cujo
final você já sabe. Ou os dois.

Quando deixa no trabalho uma caixa de
Ferrero Rocher, daquelas que você compra,
mesmo reclamando do preço. Quando
entende seus medos e seus traumas.
Quando não liga para as cicatrizes. Quando
dá risada das suas piadas bobas e tenta te
fazer sorrir no meio de um dia difícil.

Quando percebe os momentos em que você
não quer conversar. Quando sabe a hora
de mudar de assunto. Quando te apoia nas
ideias mais simples. Quando manda uma
foto engraçada no meio da manhã. Quando
puxa você pra dançar e erra os passos,

>>

\>\>

mas te faz achar que aquela é a dança mais fantástica já dançada na sua vida.

Quando te olha e te enxerga. Quando sabe até quantas pintas você tem perto do pescoço. Quando percebe que você mudou seu estilo de se vestir. Tá mais colorido, sabe? Vai saber. Vai saber, porque quem vale a pena sempre se liga nos seus detalhes. Aí fica difícil resistir.

É SEMPRE DIFÍCIL RESISTIR A QUEM CHEGA COM DISPOSIÇÃO, INTERESSE E VONTADE DE FAZER DAR CERTO.

Não existe esse negócio de "sou assim e pronto". Isso não é amor-próprio, muito menos gostar de si mesmo. Quando você abraça seus defeitos e comportamentos errados e não se dispõe a mudar, melhorar e crescer, você está sendo apenas mais uma pessoa de mente fechada e que não tem o mínimo de empatia e de preocupação em não machucar as outras pessoas ao seu redor.

Sim, eu sei que ninguém muda por ninguém, a gente tem que mudar por si mesmo, pra ser uma pessoa melhor, amadurecer. Mas, quando a gente tá com alguém e esse alguém diz que determinados erros e defeitos machucam, cabe a nós consertarmos isso, se valorizamos mesmo a companhia e a presença do outro em nossa vida.

>>

>>

Não é mudar por ninguém, é crescer.
Não é mudar sua essência, é aprimorá-la.
Caso contrário, você se torna apenas uma pessoa que não se preocupa com o rastro de dor que deixa por onde passa. Se você gosta mesmo de alguém, você tenta crescer, tenta consertar os defeitos, tenta melhorar os hábitos, mantém as coisas boas que moram em você e faz de tudo para não machucar.

Sim, quem te ama vai te amar com o pacote completo que você é, mas, se você ama, vai querer entregar sempre a melhor versão de si.

TEM GENTE QUE
NUNCA
VAI TE
ENTENDER,
MESMO QUE
VOCÊ PASSE
A VIDA SE
EXPLICANDO.

TEM GENTE QUE
PARECE QUE
DECOROU
O SEU
MANUAL DE
INSTRUÇÕES.

O ESSENCIAL
SEMPRE FICA
DEPOIS DOS
CICLOS, FASES,
PESSOAS,
DESPEDIDAS:

VOCÊ.

A maturidade chega e você percebe que não dá pra prender ninguém em sua vida. Simplesmente não dá pra obrigar as pessoas a ficarem ao seu lado. Por mais incrível que você seja, por mais carinhoso, por mais amoroso, por mais bondoso que você possa ser, quando alguém não quer permanecer, esse alguém simplesmente não vai permanecer!

E aí você entende que não pode se culpar quando fez tudo certo e, ainda assim, preferiram ir embora. As pessoas ficam onde elas querem ficar, onde elas podem ficar, onde o coração delas quer fazer morada. Não adianta chorar, ajoelhar, implorar. Não adianta encontrar desculpas para fazer com que fiquem mais uns dias, semanas ou meses.

Quem não quer estar ao seu lado já não está ao seu lado, mesmo que o corpo esteja ali. Quando a cabeça e o coração vão embora, o resto é só uma questão de tempo. Aceite e cuide de você, porque é você quem sempre permanece quando todo mundo vai embora.

QUANTO MAIS VOCÊ DEIXA AS COISAS LIVRES, MAIS VOCÊ FICA COM O QUE REALMENTE PRECISA SER SEU.

NEM TODO LUGAR ESTÁ PREPARADO PARA RECEBER TUDO QUE VOCÊ TEM PARA OFERECER.

Você não é pra todo mundo nem pra todo lugar.
Você é para os grandes amores, para o frio na barriga, para o calor no coração.
Você é para onde tem coragem para demonstrar, disposição para sair do raso, intenção de chegar pra ficar.

Você não é para sentimentos fracos, para dúvidas, para o que vem para ser pouco.
Não é para quem fica em cima do muro, para quem não sabe se vai ou se fica, para quem deixa o medo tomar conta.

Você é para os lugares que te impulsionam, para as companhias que te incentivam e te acolhem, para as conexões que somam: sorrisos, momentos bons e lembretes constantes de "que bom que você está aqui".

Nunca, nunca mesmo, menos que isso.

AS COMPANHIAS
QUE VALEM A
PENA FAZEM
FESTA PELA
SUA CHEGADA,
PELA SUA
PERMANÊNCIA,
PELA SUA
EXISTÊNCIA.

AS COMPANHIAS
CERTAS SEMPRE
TE LEMBRAM
DE QUE
A VIDA
É BOA
COM
VOCÊ.

Outro dia eu vi numa série de que gostava muito, *This is Us*, um diálogo que dizia mais ou menos assim: escolher as nossas pessoas é o mais perto que chegamos de controlar nosso destino.

Não que a gente possa impedir determinados percalços, mas escolher bem quem vai segurar nossa mão no meio da turbulência já ajuda demais.

Porque a vida não vai ser perfeita. Nem sempre as coisas lá fora vão estar boas ou fáceis. Ter conexões e relacionamentos que fazem as coisas ficarem um pouquinho mais leves e mais fáceis já é tanto.

A qualidade da companhia influencia demais a beleza do caminho.

>>

\>\>

A energia de quem nos acompanha consegue transformar lugares comuns em lugares mais bonitos. Situações cotidianas em situações empolgantes. Os dias mais corridos em dias mais leves.

Qualquer passeio se torna um momento épico. Seja ele para o outro lado do mundo, seja ele para a padaria. O destino é detalhe quando prestamos atenção nos detalhes da estrada e estamos em boa companhia.

Desejo que você esteja viajando a vida com as pessoas certas.

A QUALIDADE
DA COMPANHIA
INFLUENCIA
DEMAIS A
BELEZA DO
CAMINHO.

SE VOCÊ PRECISA COBRAR O BÁSICO, ESSA PESSOA NUNCA VAI TE DAR O MÁGICO, O INCRÍVEL, O SENSACIONAL, O QUE VOCÊ TAMBÉM OFERECE.

Os lados de qualquer conexão precisam
se dedicar para manter firme o vínculo.
Conexões humanas são, sobretudo, trocas.
Aprendizados mútuos, carinho, afeto, apoio.
Incentivo, acolhimento, atenção. Cada um
com o seu jeito de ser, cada um com sua
maneira de demonstrar, mas todo mundo
que se importa encontra um jeito de mostrar
isso na prática.

Conexões precisam ser equilibradas. A vida
já é pesada demais e já tem obstáculos
demais para ficarmos em lugares onde só
plantamos e não colhemos nada ou quase
nada. É sobre dar e receber. É sobre ser
saudável, confortável, mútuo. É sobre não
viver fazendo as coisas esperando algo em
troca, mas encontrar troca, vínculos sinceros,
demonstrações de afeto que nos incentivem
a fazer ainda mais. Quanto mais coisas
boas eu recebo, mais coisas boas eu dou.
Transbordo, sabe?

>>

\>\>

Tem uma música do Jason Mraz de que gosto muito, chamada "You and I Both", e ela tem uma frase que acho incrível: "Só se lembre que os telefones, bem, eles funcionam nos dois sentidos [...]". E eu acho uma representação inteligente sobre reciprocidade.

O telefone que faz você ligar pra alguém e procurar a pessoa é o telefone que a pessoa pode pegar e te procurar, mandar mensagem, se fazer presente. Não tem desculpa, sabe? Os dois lados funcionam e sempre precisam funcionar.

Os dois lados precisam sentir falta, procurar e querer estar perto. Os dois lados precisam fazer acontecer. Os dois lados precisam tentar. Os dois lados precisam encontrar tempo. Os dois lados precisam se esforçar. Os dois lados precisam encontrar formas de fazer as coisas irem bem. Os dois. Porque, se a reciprocidade fica sem sinal, o amor aos poucos também vai ficando.

É SOBRE NUNCA PRECISAR COBRAR COISAS QUE A GENTE MERECE RECEBER DE CORAÇÃO.

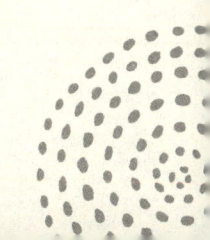

É sobre quem te olha e realmente te enxerga. Enxerga a sua parte boa e a sua parte ruim. Enxerga as qualidades e seus defeitos. Enxerga a sua versão real.

É sobre quem te oferece uma das maiores riquezas desta vida: atenção. Porque atenção significa um "você é importante". Significa um "eu realmente me preocupo contigo". Significa empatia.

É sobre quem tá ali e realmente está presente. É quem percebe seus detalhes. Quem sabe seus gostos e manias, porque verdadeiramente parou para te escutar.

Gente que valoriza a sua presença neste mundo, e a celebra se unindo a você com carinho, com respeito, com calma, com profundidade.

É SOBRE QUEM PRESTA ATENÇÃO NOS SEUS DETALHES E VALORIZA CADA COISA BOA QUE VOCÊ É.

Aos olhos certos, você sempre vai virar arte. Vai ser apreciada como o evento mágico que você é. Vai ser aplaudida pelas coisas mais simples da rotina. Vai despertar tesão com os gestos mais cotidianos.

Aos olhos certos, você sempre vai ser poesia. Sua vulnerabilidade vai ser abraçada. Suas cicatrizes serão raízes que te fizeram florescer mais forte e mais bonita. Seus defeitos andarão em companhia de um "eu sei que você tá fazendo o que pode para melhorar".

Aos olhos certos, você sempre vai ser uma bênção, uma dádiva, um presente. Vai ser motivo para comemorar apenas por você existir. Vai ser oportunidade de afastar os móveis numa quarta-feira qualquer e dançar. Vai ser a certeza de repetir todos os dias "caramba, que sorte a minha".

OS OLHOS
CERTOS VÃO
ACHAR CADA
DETALHE SEU
A COISA MAIS
BONITA DESTE
MUNDO.

PORQUE É.

Seu coração sempre vai encontrar outros corações bonitos. A sua forma verdadeira de agir, a sua essência e o bem que você faz vão te aproximar de pessoas semelhantes, mesmo que de vez em quando você esbarre em quem não é bacana do jeito que você é.

Você sempre vai acabar vivendo amores e amizades que são compatíveis com o ser humano incrível que você é e que se torna cada vez mais.

Mesmo que não pareça que vale a pena, continue colocando o melhor de você, continue amando do jeito que você ama, continue vivendo as coisas com essa coragem e profundidade bonitas.

Simplesmente continue. Vai valer a pena. Prometo. Corações bonitos sempre se encontram para viver aquilo que mais sabem fazer: viver, sentir, transbordar.

PESSOAS
VERDADEIRAS SE
RECONHECEM,
CORAÇÕES
BONITOS SE
ENTENDEM,
ENERGIAS BOAS
SE ATRAEM.

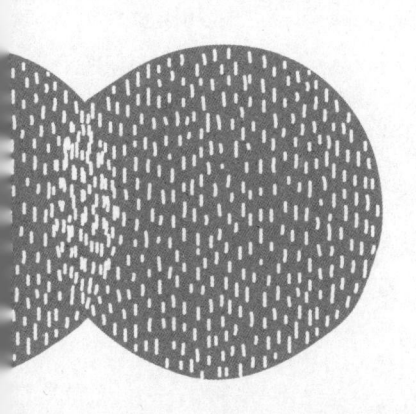

TEM CONEXÃO
QUE PARECE
QUE SEMPRE
EXISTIU.
TEM CORAÇÃO
QUE PARECE
QUE SEMPRE
CONHECEU O
SEU.

SEMPRE QUE TIVER
A OPORTUNIDADE
DE SENTIR
PLENAMENTE,
DE OLHAR
PLENAMENTE,
DE OUVIR
PLENAMENTE, DE
TOCAR COM MAIS
PROFUNDIDADE,
FAÇA ISSO.
A VIDA É MAIS
BONITA PARA
QUEM SE PERMITE
IR ALÉM DO
SUPERFICIAL.

QUE VOCÊ SEMPRE ENCONTRE QUEM TE DIGA: "QUE BOM QUE VOCÊ EXISTE".

"Obrigado por ser você" não é apenas um elogio, é uma confirmação. Confirma que, apesar dos nossos defeitos, tem gente que nos enxerga, nos admira e nos valoriza. Confirma que não existe perfeição em nós, mas existe uma imperfeição bonita e corajosa capaz de despertar bons sentimentos nos outros.
Confirma, principalmente, que existem enormes chances de ter alguém que vai estar ali quando não formos a nossa versão mais incrível.

"Obrigado por ser você" é um lembrete de que crescer não é sobre abandonar sua essência, é sobre aperfeiçoar a si mesmo.

"Obrigado por ser você" é, sobretudo, uma forma de mostrar que, apesar dos tropeços, das dificuldades e dos momentos ruins, continuamos com coisas boas para oferecer,

>>

>>

continuamos com um coração bonito e continuamos sendo algo positivo na vida das pessoas que passam por nós.

Se existir esse negócio de vencer na vida, com certeza isso passa por ter gente ao nosso lado que nos diz com frequência um "obrigado por ser você" com a boca e o coração cheios.

ESCUTAR ALGUÉM ME DIZENDO UM "OBRIGADO POR SER VOCÊ" SEMPRE SERÁ UMA DAS MINHAS MÚSICAS FAVORITAS.

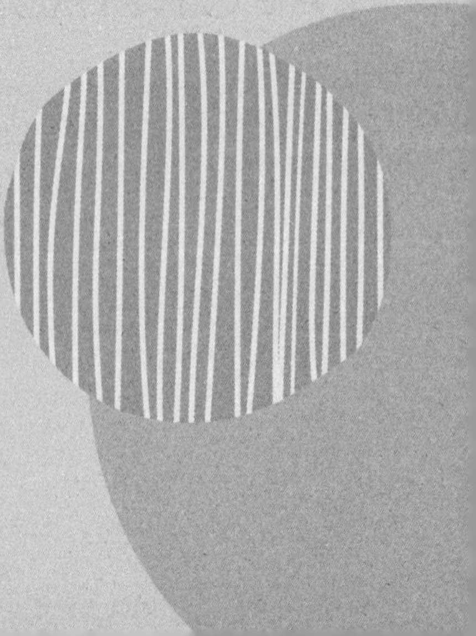

PARTE 3

EU GOSTO MESMO É DE GENTE EMOCIONADA

Ainda bem que existem os que bancam o que sentem e têm coragem de demonstrar tudo aquilo que há dentro de si.

Ainda bem que existem os que não fazem joguinhos, não fazem firulas, não fazem pouco caso: se entregam com coragem, com verdade, com profundidade.

Ainda bem que existem os que tentam fazer dar certo, os que se esforçam, os que se dedicam.

Ainda bem que existem os que não têm vocação para o raso, desinteressante e frio.

Ainda bem que existem os que não se contentam com pouco, não se satisfazem com o medíocre e não chegam com intenção de só ficar na beira.

AINDA
BEM
QUE
EXISTEM OS
EMOCIONADOS.

Não sei se é pelo brilho nos olhos, não sei se é pela energia positiva, não sei se é pelo encantamento com os detalhes e com a vida, talvez até tudo isso junto, mas sei que um emocionado reconhece outro.

É sempre um encontro que nos lembra de que ainda existem corações parecidos, que não estamos sozinhos na nossa coragem de sentir, na nossa empolgação, no nosso entusiasmo. Um emocionado reconhece outro. Simples. E as primeiras conversas sempre são um amontoado de coincidências regadas de "caramba, eu também sou assim".

Dividem a beleza de estar aqui neste mundo plenamente, com disposição de viver coisas incríveis, de colecionar momentos bons, de aproveitar cada coisa que possibilite as alegrias que a vida tem pra oferecer. Um emocionado reconhece outro. E entende, acolhe, traduz. No amor, na amizade, no vínculo forte.

>>

>>
É sempre algo maravilhoso quando os emocionados estão juntos. Qualquer lugar fica mais gostoso de estar, qualquer dia comum se torna um dia com algo bacana pra contar. Porque, meu bem, os emocionados não vieram ao mundo a passeio.

JÁ SE EMOCIONOU HOJE?

Espero que os emocionados se encontrem, para que nunca mais se culpem por sentir, por tentar, por ter coragem de ser tudo que são. Para que nunca mais precisem economizar sentimentos, guardar vontades, ficar pensando: *O que tem de errado em demonstrar?*

Que os emocionados se encontrem e se emocionem juntos. Pela vida, pelos detalhes, pelos sentimentos mais genuínos. Por coisas que andam fora de moda, por clichês, por romantismo.

Que tenham brilho nos olhos, empolgação, entusiasmo. Porque o problema nunca vai ser demonstrar, transbordar, tentar, ter sentimentos enormes. É sobre fazer isso nos lugares certos, nas companhias certas, nos relacionamentos certos.

>>

>>

É sobre encontrar gente que abre a porta do coração, da casa, da vida e diz: "Aqui você pode ser isso tudo que você é". É raridade. É sintonia. Espero que os emocionados se encontrem, e que seja real, saudável, verdadeiro e tudo mais que merecerem. Porque a gente merece todo o amor do mundo, e muito mais.

QUE OS EMOCIONADOS SE ENCONTREM.

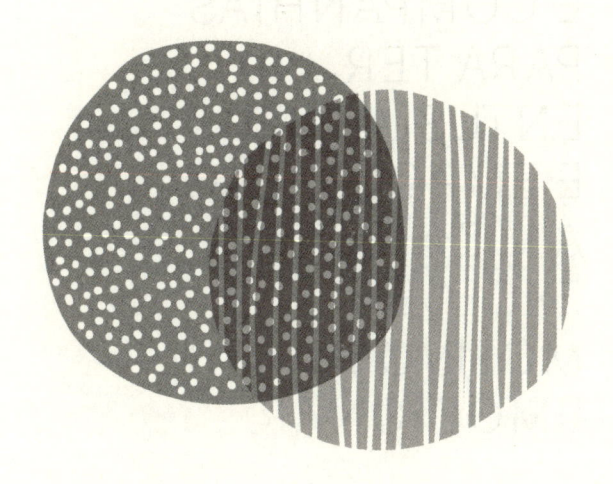

SER EMOCIONADO,
ACIMA DE TUDO,
COM VOCÊ MESMO.
SEM DEPENDER DE
RELACIONAMENTOS
E COMPANHIAS
PARA TER
ENTUSIASMO
E EMPOLGAÇÃO.
A VIDA JÁ É UM
EXCELENTE
MOTIVO PARA SE
EMOCIONAR.

GESTOS DE CARINHO E ATENÇÃO DO NADA SÃO TUDO.

Afeto assusta alguns e afasta outros.
O que é muito para um, às vezes, é algo
básico para outra pessoa.
O que parece ser um carnaval fora de época
para você pode ser apenas uma quarta-feira
comum pra mim.
E tá tudo bem.

Sentimentos, demonstrações e declarações
não devem ter um roteiro e uma medida
estabelecida.

O tempo não é o mesmo em cada coração.
A maneira de sentir é particular.
A forma de colocar para fora o que sente
pertence a quem sente.

Se vão achar exagero, se foi convencionado
que não se diz tal coisa com apenas alguns
dias ou semanas, se determinaram por aí
que você precisa esperar, tudo isso
é bobagem.

>>

\>\>

Seu único compromisso real e obrigação é com a sua verdade. É quando você se perguntar: "Tô sendo eu mesmo, sem me podar, sem me reprimir?", e a resposta for sempre: "tô!".

QUE DEPOIS
DE UMA
DEMONSTRAÇÃO
VOCÊ NÃO
FIQUE SE
PERGUNTANDO
"SERÁ QUE
EXAGEREI?".

Se não der certo, a única coisa que você pode fazer é dizer: "caramba, que pena, mas pelo menos eu tentei".
Pelo menos você tentou trazer algo bom.
Pelo menos você tentou fazer funcionar.
Pelo menos você tentou dar o seu melhor.

Talvez não tenha sido muito, talvez não tenha sido o suficiente. E tá tudo bem.
Era o que você podia naquele momento.

Ninguém pode dizer que você não tava ali com algum tipo de interesse e disposição.
Ninguém pode abrir a boca para falar que você teve a chance e não aproveitou.
Ninguém pode apontar sua ausência.

Você esteve ali, com sua versão e força possíveis, com os sentimentos que tinha e que conseguia demonstrar.

É juntar os aprendizados e se permitir ter a consciência tranquila. Não precisamos carregar determinados pesos.

POR MAIS
QUE VOCÊ FAÇA
TUDO CERTO,
TEM COISA QUE
VAI SAIR BEM
DIFERENTE
DO DESEJADO.
É A VIDA, MEU
BEM, É A VIDA.
VOCÊ SE ADAPTA,
DÁ UM JEITO,
ENCONTRA UMA
FORMA DE VIVER
ALGO MELHOR.

Vi num filme dinamarquês chamado *Toscana* uma frase que ficou marcada na minha cabeça.

"Ninguém é especial, mas todo mundo pode se tornar uma visão especial se a pessoa certa estiver olhando."

Lindo. Simplesmente lindo.

Acho que essa talvez seja uma das melhores coisas que podemos fazer pelas pessoas: fazer com que se sintam especiais.

Fazer se sentir especial não necessariamente é fazer alguma demonstração enorme ou presentear.
Mais do que isso, é fazer se sentir melhor, se sentir confortável, se sentir escutada, vista, admirada.

>>

\>\>

Sempre que você tiver a oportunidade de fazer alguém se sentir bem, faça. Olhe nos olhos, ouça, ceda o ombro, dê atenção, acolha. Você não precisa ter a solução, você precisa estar ali. De corpo, alma, mente, coração. Isso já é TANTO.

É disso que precisamos na maior parte das vezes: de gente que nos lembre de que somos humanos e vulneráveis, e também incríveis e especiais.

EXISTE MUITA
BELEZA NAS
PESSOAS QUE
TENTAM FAZER
AS OUTRAS
SE SENTIREM
BEM.

Tem muita coisa bonita em quem ajuda com boas intenções.
Tem muita coisa bonita em quem pratica a gentileza.
Tem muita coisa bonita em quem toca com cuidado o coração dos outros.
Tem muita coisa bonita em quem, mesmo quando não tem um conselho ou solução, abraça, apoia, permanece ali com silêncio confortável.

Existe muita coisa bonita nas pessoas que tentam fazer as outras se sentirem bem.
Nem sempre conseguem.
Mas tentam.
Mostram que se importam.
Carregam empatia.
Dão atenção.

>>

\>\>
E, naquele momento, amam.
Mesmo que não tenham intimidade.
Mesmo que não conheçam.

Isso é amor.

Existe muito amor nas pessoas que tentam fazer as outras se sentirem bem.

Às vezes, o maior gesto de respeito e cuidado por alguém é parar pra ouvir a pessoa. Realmente prestar atenção no que ela está dizendo. Olhar nos olhos.

Em tempos apressados, doar um pouco do seu tempo já diz muito. Não precisa de gestos enormes para mostrar que se importa.

Sei que a vida anda corrida, sei que as obrigações às vezes nos sufocam, mas sempre que tiver a oportunidade de sentir plenamente, de olhar plenamente, de ouvir plenamente, de se conectar com mais profundidade, faça isso.

É uma das coisas mais bonitas.

Desejo que, onde quer que esteja, você consiga estar de corpo, alma, mente e coração. E que você encontre pessoas que também sejam e estejam assim contigo.

É SEMPRE BOM
TER NOÇÃO DO
IMPACTO QUE
A GENTE PODE
CAUSAR NA VIDA
DAS PESSOAS.

A beleza da empatia é que às vezes, sem
nem sabermos, fizemos a diferença na vida
do outro. Às vezes uma simples escolha
mais gentil de palavras muda o sentido
de tudo. Às vezes o simples ouvir já é uma
demonstração imensa de importância.

Quase nunca a gente sabe tudo pelo
que o outro está passando. Geralmente
presenciamos a ponta do iceberg.

Tocar com respeito é fundamental.
É preciso tentar agir com o máximo de calma
e com zelo.

Se colocar no lugar do outro, mesmo que
isso seja desconfortável.
Pensar: *E se fosse comigo?*
Agir com bondade.

>>

\>\>

Acho que nada paga a sensação de ser paz
pra alguém, principalmente neste mundo
caótico.

Ser afeto é um ato de força e coragem.
É exercício. Vira hábito e rotina.

QUE VOCÊ APROVEITE AS CHANCES DE ELOGIAR, DE MOSTRAR QUE ADMIRA, DE DEIXAR CLARO QUE SE IMPORTA.

Eu gosto de elogiar.
Sem segundas intenções, sem querer escutar algo em troca.
Simplesmente falar algo bom para as pessoas.

Vejo beleza? Elogio.
Vejo uma atitude bacana? Elogio.
Vejo algo que admiro? Elogio.
Vejo alguém indo bem? Elogio.

Às vezes isso faz toda a diferença.

É SEMPRE INCRÍVEL COMO UM DETALHE PODE FAZER TODA A DIFERENÇA.

PEQUENAS
ATITUDES
ÀS VEZES
TRADUZEM
GRANDES
SENTIMENTOS.

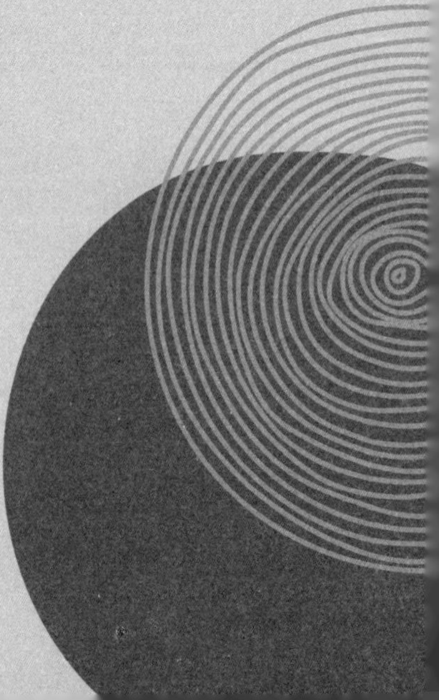

PARTE 4

TE DESEJO A POSSIBILIDADE BONITA DE DIZER: "EU NUNCA ESTIVE TÃO BEM!".

NEM SEMPRE
OS FINAIS SÃO
FELIZES, MAS OS
NOVOS CICLOS
SÃO SEMPRE
LINDOS.

Eu sei que você tem buscado um recomeço. Sei que você quer deixar tudo pra trás e seguir em frente. Quer respirar novos ares, né? Quer sentir o peito menos apertado, quer a mente mais tranquila e que a paz faça morada novamente em sua vida.
Tá doendo, e eu imagino o quanto.

Tá pesado e eu faço ideia do quão pesadas as coisas ficaram. Mas não é pra isso que eu estou aqui agora, não é para dizer coisas que você já sabe bem. Estou aqui agora para dizer que você vai ter o recomeço que tanto procura.

Sim, entendo você não conseguir ver luzes no fim do túnel agora, mas elas vão surgir, juro que sim. Você vai ter o recomeço que tanto ora pra ter. O passado vai virar passado e os aprendizados se tornarão maturidade.

>>

>>

As lágrimas vão regar os sorrisos, que se tornarão rotina. No coração, vai sobrar espaço para novos sentimentos, novas histórias, novos momentos. A vida simplesmente vai andar para a frente, porque você não merece mais se sentir estagnado. Prepare-se, acredite e mantenha alguma espécie de esperança. Nem sempre os finais são felizes, mas, meu bem, os novos ciclos são sempre lindos.

CICLOS
TERMINAM,
PORQUE A
VIDA QUER TE
APRESENTAR
NOVAS COISAS
INCRÍVEIS.

A vida nem sempre vai ser gentil com você, mas eu espero que você seja.
Que você se admire. Que você se orgulhe dos seus passos, das suas tentativas, das vezes em que você saiu de casa com o coração empolgado e com uma vontade imensa de fazer dar certo.

Saiba que não dá pra controlar tudo, então se perdoe.
Enxergue o que depende exclusivamente de você e deixe de carregar pesos por aquilo que não depende.
Aprecie esse tanto de coisas bonitas que você estava levando e não deixe que nada neste mundo tire isso de você. O entusiasmo, a bondade, o afeto, a coragem.

A vida nem sempre vai proporcionar momentos em que o seu melhor será retribuído.

E tá tudo bem.
Ou vai ficar.

JAMAIS DUVIDE
DE QUE MERECE
TUDO DE
MELHOR
E QUE VAI TER.

Quero te ver com o passaporte carimbado.
Sorrindo em todos os cantos do mundo.
Dançando em todos os ritmos. Cantando em todas as línguas possíveis.
Quero te ver em todos os lugares para os quais você planeja ir.

Quero te ver com saúde. Mental, física, da alma, do coração. Leve. Levíssimo. Cheio de paz e luz. Com tudo resolvido. Ou resolvido tudo que for possível resolver.

Quero que você sinta toda a alegria saudável que houver nesta vida.
Que suas lágrimas sejam raras e que sempre te ensinem algo.
Que você cresça a todo instante e que não se esqueça de que você já é gigantesco, raro, mágico.

Que sua vida seja sempre boa.

>>

>>
Gostosa.
Rica.
Empolgante.
Perfumada.
Colorida.
Que você tenha toda a felicidade que couber nesse seu coração enorme.

E que você tenha tudo isso comigo ou sem mim.

QUE VOCÊ
VIVA A VIDA
QUE SONHOU.
ELA NÃO É
IMPOSSÍVEL.
ELA NÃO É
MUITO PRA
VOCÊ.
ELA NÃO É
PEDIR DEMAIS.

É importante ter noção de quem se é.
Se lembrar de todos os passos e percalços.
Saber com clareza as qualidades que traz e
os defeitos que carrega.

Para não duvidar da própria força.
Para não questionar seu valor quando as
pessoas forem embora.
Para ter paz depois de cada fim de ciclo.

É sobre a certeza de que, mesmo no meio
de toda a imperfeição, mesmo durante fases
complicadas e dias ruins, mesmo esbarrando
em ausência de reciprocidade ou falta
de consideração, você tem coisas bonitas
demais e merece se orgulhar por isso.

ORGULHE-SE DE QUEM VOCÊ É NO MOMENTO, MESMO QUE AINDA NÃO ESTEJA DO JEITO QUE GOSTARIA.

ÀS VEZES
AS COISAS
BAGUNÇAM PARA
ORGANIZARMOS
TUDO DE UM
JEITO MELHOR.

Vá, se afaste de tudo por um tempo.
Organize isso que está rolando aí dentro.
Faça a faxina interna que tem adiado.

Vá, largue as mãos que precisam ser soltas.
Deixe pra trás o que já passou da hora de
ficar no passado.
Coloque o ponto-final que alguns
ciclos merecem.

Vá, não precisa de pressa.
Faça no seu tempo, no seu ritmo, respeitando
sua forma de ser.
Mas faça.

Numa segunda-feira, às 7 da manhã, ou num
sábado qualquer.
Com pessoas criticando e com gente que
não entendeu nada.
Com um desejo enorme de deixar tudo leve
e abrir espaço para algo bom que sempre
acaba chegando.

>>

>>
Eu sei que tem um carnaval de coisas acontecendo e o caos às vezes parece impossível de ser administrado, mas toda bagunça é para arrumar a vida de um jeito melhor.

A GENTE PERDE ALGUMAS COISAS PARA GANHAR PAZ, ISSO SEMPRE VAI VALER A PENA.

Você vai mudar de lugar, de companhia, de ideia, de opinião, de planos.
Vai encontrar e perder certezas.
Vai deixar coisas demais pelo caminho.

Mas o essencial vai ficar.
Vai fazer morada.
Vai estar ali quando você precisa.

O essencial também muda, claro.
O que era fundamental talvez deixe de ser um dia.
O que era importante talvez se torne substituível.

E novos essenciais surgem.

Eles combinam com a sua essência, e é isso que sempre vai determinar as chegadas e partidas.

>>

\>\>

Só vai permanecer aquilo que tiver sintonia com quem você é agora. Cedo ou tarde você percebe exatamente a categoria de cada coisa.

APRENDI A DEIXAR PARA LÁ AS COISAS QUE NÃO ME LEVAM PARA ONDE EU PRECISO IR.

A nossa história, na maior parte do tempo,
é o que a gente faz dela.
Mais do que enxergar o lado bom, é preciso
ser o lado bom de tudo que acontece.
Sem deixar de lado o direito de reclamar, de
se sentir pra baixo em alguns momentos,
de se permitir chorar, sentir medo, raiva.

Viver real, sabe?
Tentando transformar dor em evolução.
Tentando encontrar leveza no meio das
situações pesadas.
Tentando aguentar firme quando não há
soluções, apenas uma necessidade imensa
de paciência.

Tentando, simplesmente tentando.

A vida é muito mais sobre tentar do que
sobre conseguir.

As nossas tentativas têm a linda habilidade
de trazer coisas incríveis.

ALGUMAS SITUAÇÕES VÃO EXIGIR DE VOCÊ UMA CORAGEM QUE VOCÊ NEM SABE QUE TEM.

VOCÊ TEM.

PARTE 5

PERCEBER QUE A VIDA É HOJE, QUE O AGORA É BÊNÇÃO E QUE O TEMPO SÓ ANDA PARA A FRENTE

O EXTRAORDINÁRIO ESTÁ NOS DETALHES.
O INCRÍVEL ESTÁ NO SIMPLES.
O "PRA SEMPRE" ESTÁ NOS MOMENTOS.

Abre esse vinho aí, eu não entendo bem, mas sei que ele é bom. Olha a Lua, ela tá mó pequenininha hoje, né? Hoje o dia foi tranquilo, fiquei feliz que consegui driblar a preguiça e ir pra academia. Resolveu aquela treta lá no trabalho? Ainda bem, né? Vamos brindar a isso.

Amanhã a gente pode acordar mais tarde, acho que isso é motivo para mais um brinde. Um brinde! Hoje tá batendo um ventinho mais forte e o calor deu uma aliviada, eu acho que cabe um brinde a isso também. Não ri.

Cê viu aquele casal famoso que se separou? Foda, né? É a vida, não dá pra saber o que aconteceu, porque só quem viveu sabe. Essa música é boa, aumenta aí. Eita, errei a letra. Volta aí que eu vou cantar certo agora. Aumenta, aumenta, aumenta.

>>

\>\>

Xô afastar essa mesa aqui. Mas é claro que vou dançar. Vamo. Que coreografia que nada, vamos dançar de qualquer jeito.

Caramba, tô me sentindo leve. Não é o vinho, não. É a vida.

QUE TODO MUNDO
TENHA A CHANCE
DE VIVER COISAS
FÁCEIS, LEVES E
DESCOMPLICADAS.

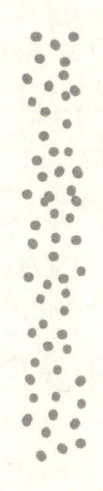

A MATURIDADE ENSINA QUE, MAIS IMPORTANTE DO QUE A VELOCIDADE QUE A GENTE CHEGA A DETERMINADOS LUGARES, É COMO A GENTE CHEGA A ELES. É SOBRE CHEGAR BEM E SAUDÁVEL, E APROVEITAR O CAMINHO, NÃO SOBRE A PRESSA OU O RITMO DOS OUTROS.

Jamais perder algo incrível por não saber valorizar, por não cuidar, por não ter noção da sorte que tem. Jamais passar por um momento sem saber o quão importante é aquilo, mesmo que seja um momento simples ou cotidiano. Jamais deixar dúvidas do quão grato é por ter aquelas pessoas, aquelas coisas, aquelas conquistas.

Sei que às vezes a vida nos apressa e ficamos desnorteados pelas obrigações e pela rotina, mas que a gente jamais se esqueça de fazer o melhor que pode, do jeito que pode naquele momento, com a energia que temos no momento.

Porque somos incríveis. Imperfeitos, mas incríveis. Enfim, cuide de tudo que faz bem e que aquece o coração. Vale a pena.

NUNCA CONSEGUIREMOS IMPEDIR QUE ALGUNS CICLOS SE ENCERREM E QUE ALGUMAS COISAS ACABEM, ENTÃO É PRECISO PRESENCIAR OS MOMENTOS COM TODA A ATENÇÃO POSSÍVEL.
É LINDO CARREGAR A SENSAÇÃO DE QUE VIVEU ALGO PLENAMENTE.

Aprenda as lições, senão as dores se repetem.

Valorize, senão as coisas se distanciam.

Agradeça quando estiver vivendo o que antes orava para conseguir, senão você perde a capacidade de perceber as bênçãos.

Que sempre exista em você a habilidade de entender quando está diante de algo incrível.

Uma das piores derrotas desta vida é deixar de ter noção da sorte que tem, da beleza ao redor, das chances maravilhosas que estão espalhadas por aí.

É clichê até o momento em que você tenta voltar para o passado e a vida te mostra que nada nunca será como antes.

TODOS OS CLICHÊS SOBRE A VIDA SÃO REAIS: ELA É FRÁGIL, PASSA RÁPIDO E CADA MOMENTO CONTA MUITO.

Cada detalhe importa.
Cada silêncio diz muito.
Cada abraço conta.
Cada pequena demonstração carrega em si um mundo inteiro.

Sorte de quem entendeu logo isso.

De quem percebe o valor de cada coisa simples.
De quem transforma idas ao supermercado em momentos memoráveis.
De quem sabe que às vezes vai faltar o dinheiro para um buquê, mas que uma flor amassada e com uma pétala faltando já é a coisa mais romântica do universo.

Muitas pessoas fogem de clichês, mas eu sempre vou admirar quem sabe o quanto alguns deles são extraordinários.

SÓ VAI SER REALMENTE FELIZ QUEM CONSEGUIR TRANSFORMAR COISAS SIMPLES EM MOMENTOS INCRÍVEIS.

O MELHOR DA VIDA É DAQUELES QUE CONSEGUEM VER BELEZA ONDE ALGUNS APENAS ENXERGAM ROTINA.

QUE A SUA VIDA SEJA CHEIA DE MOMENTOS INCRÍVEIS E EXTRAORDINÁRIOS, MAS QUE VOCÊ TAMBÉM TENHA TODOS OS CLICHÊS BONITOS.

Cafuné, reciprocidade, mensagem de bom-dia. Realmente prestar atenção no que você fala, saber seus gostos e dizer "vi isso e me lembrei de você" e saber aquilo que você não suporta. Elogios sinceros, carinhos inesperados, cheiro no pescoço. Ganhar presente fora de datas comemorativas, um bilhetinho romântico encontrado no bolso da calça, uma declaração do nada.

Fazer carinho num cachorrinho na rua, ver as gotas de chuva dançando na janela do carro, dormir de conchinha por cinco minutos e depois virar para o lado e dormir soltinho. Cheiro de café, de livro novo, de terra molhada. Girassóis, panela antiaderente, comédias românticas.

Ouvir verdades com gentileza, ser abraçado e não julgado, encontrar colo quando precisa. Ver o mar quando a vida aperta, colocar os fones de ouvido e se esquecer do mundo

>>

>>

quando o coração fica pesado demais,
dormir sem despertador programado.
Ter a consciência tranquila de que foi e é
de verdade, que é transparente, que sua
intensidade não é problema.

Confiar nas voltas que o mundo dá, ser fã
da lei do retorno, ter uma fé gigantesca
no amor, em você, na vida. Ter amigos pra
dar risada e chorar junto. Ver uma criança
sonhando e sorrindo, ver casais contentes
andando de mãos dadas, saber que quem
eu amo está feliz.

São tantas pequenas coisas, sabe? São
tantos detalhes que nos deixam feliz, porque
a felicidade é juntar todos esses pedacinhos.
Então espero que você tenha na sua vida
uma mistura do incrível e extraordinário, e
das coisas simples e clichês. Elas fazem toda
a diferença.

JÁ PAROU PRA PENSAR QUE O QUE CHAMAM POR AÍ DE CLICHÊ É O QUE NA VERDADE MAIS ANDA EM FALTA? A GENTE PRECISA É DOS CLICHÊS MESMO. DA GENTILEZA, DOS ELOGIOS SINCEROS, DAS DECLARAÇÕES BREGAS, DAS OBVIEDADES, DA SIMPLICIDADE. EU QUERO TODOS OS CLICHÊS BONS QUE EXISTEM NESTA VIDA.

ENTENDER
QUE A VIDA
NÃO SERÁ
PERFEITA.
E AÍ SER FELIZ
NO MEIO DA
IMPERFEIÇÃO.

A coisa mais constante da vida é a instabilidade.
Quase nada é.
Quase tudo está.

A única coisa que a gente pode fazer com certeza é aproveitar tudo da melhor maneira possível.
Estar realmente presente em cada pedacinho de vida que temos.
De corpo, alma, mente, coração.

Cuidar, valorizar, demonstrar.
Não economizar "eu te amo".
Não ir dormir sem deixar clara a importância que as coisas e pessoas têm pra você.
Poder caminhar com a consciência tranquila de que fez tudo que podia ser feito.

>>

\>\>

Porque a verdade é que o amanhã
é uma ilusão.
A gente só tem o hoje.
Tudo muda num piscar de olhos.

Pessoas, sentimentos, ideias, vontades.
O que fica é o que fizeram você sentir e as toneladas de lembranças que vão dançar na sua cabeça.
Estas, sim, são eternas.

No final das contas, quase todos os "pra sempre" só vão existir dentro da gente.

APRECIAR
OS DETALHES
DE TODOS
OS LUGARES,
DE TODAS AS
COMPANHIAS,
DE TODOS OS
SENTIMENTOS.
PARA SABER A
SORTE QUE TEM
DE VIVER CADA
COISA.

Cê faz uns planos, aí vem a vida,
ri da sua cara e diz:
"Êpa, seu caminho é por aqui, não é
por ali, não".

Você fica decepcionado, reclama, sofre.

Passa um tempo e você percebe
que tá tudo bem...

Que foi bem melhor assim.

ALGUNS
TROPEÇOS E
DESENCONTROS
NOS LEVAM
EXATAMENTE
PARA ONDE
PRECISAMOS IR.

Às vezes bate um cansaço absurdo, né?
A gente se sente fraco.
Se encosta nos lugares buscando fôlego
como se a vida estivesse batendo na gente.
Como se o Universo estivesse conspirando
contra todo e qualquer plano nosso.

Às vezes bate um cansaço gigantesco, né?
A gente se sente minúsculo e fica difícil
acreditar que as coisas podem voltar a ser
boas novamente.

Os planos deram errado, algumas pessoas
foram embora. Parece que puxaram o nosso
tapete, hein?!
A sensação de desnorteio é imensa.
Imensa!

Mas sabe o que é maior que toda e
qualquer dor ou desencaixe? Nossa força.
Somos fortes, e é isso que a gente descobre
toda vez que o mundo aperta nosso
coração.

CAOS SEMPRE VAI EXISTIR. PROBLEMA SEMPRE VAI TER. PLANOS DANDO ERRADO FAZEM PARTE DE QUALQUER VIDA BOA E SAUDÁVEL. ATÉ NOS DIAS MAIS INCRÍVEIS VOCÊ VAI TER ALGO QUE NÃO SAIU DO JEITO PLANEJADO. É SOBRE SE ADAPTAR, É SOBRE TER JOGO DE CINTURA, É SOBRE TER PACIÊNCIA.

Tenho uma ex-namorada que sempre tomava susto quando eu perguntava "tá feliz?". Ela me dizia que nunca na vida dela tinham perguntado isso. E aí eu ficava surpreso também. Como ninguém nesses 30 anos dela nunca perguntou se ela tá feliz? Isso não entrava na minha cabeça.

E eu perguntava isso sempre. "Ei, tá feliz?" E todas essas vezes ela me respondia que sim, mas o efeito maior disso era que ela se sentia a pessoa mais "enxergada" do mundo. Ela se sentia vista.

E é a esse ponto que quero chegar. Fazer as pessoas se sentirem vistas é uma das maiores demonstrações de amor que você pode dar.

Olhar e realmente enxergar o outro. Enxergar e realmente se importar com aquilo que você está vendo. Enfim, cê tá feliz?

NÃO HÁ NADA MAIS BONITO DO QUE ALGUÉM QUE TÁ VIVENDO UMA FASE BOA.

SEM PREJUDICAR NINGUÉM, SEM SE IMPORTAR COM BOBAGENS, SEM PERDER TEMPO COM O QUE NÃO FAZ BEM.

APENAS FOCADO EM SER FELIZ, EM FICAR EM PAZ, EM VIVER A VIDA DA MELHOR FORMA POSSÍVEL.

ISSO É LINDO.

Você já passou por tanta coisa.
Você já sentiu tanto.
Você já viveu ciclos, relações, sentimentos,
etapas.

Tudo passou.
Tudo teve a sua importância.
Tudo teve você, com coragem, com medos,
com falhas, com verdade, com coração
bonito.

E eu não sei com o que você está lidando no
momento. Não sei a quantidade de força e
energia de que você precisa.
Não sei nem onde você está agora.

Mas sei que você sempre consegue
transformar tudo em algo bonito.

Consegue fazer tudo ficar mais parecido
com o seu coração.
Orgulhe-se disso.
Orgulhe-se de você.

QUANDO VOCÊ SABE O VALOR E O TAMANHO DO SEU ESFORÇO, VOCÊ PERCEBE QUE TODO PEQUENO PASSO É UM GRANDE PASSO.

VOCÊ VAI PASSAR POR COISAS QUE NÃO MERECE PASSAR, MAS NÃO DEIXE ISSO TIRAR SEUS OLHOS DAQUILO QUE VOCÊ REALMENTE MERECE VIVER.

A nossa presença neste mundo é uma viagem cuja bagagem cresce o tempo inteiro. Isso não significa que vamos sempre levar tudo. Várias coisas vão ficar pelo caminho: ciclos, projetos, sonhos, pessoas, desejos, medos. Nada disso foi em vão, mesmo as coisas que parecem que não nos ensinaram nada tiveram alguma importância.

É como se fosse um quebra-cabeça, sabe? A gente vai encaixando peças até que aquela peça que nem parece ser tão relevante assim nos abre caminho para realmente avançarmos.

Cada passo conta. Cada pessoa.
Cada erro. Cada acerto. Cada decisão.
Cada não decisão. Tudo tem consequência, lição, bênção. Tudo contribui para você ficar maior, mais forte, mais maduro, mais capaz.

>>

>>

Um filme, um livro, um texto na internet, uma música que tocou no rádio do carro, um atraso, um desvio de rota, um encontro, um desencontro. Todas as peças vão se encaixando. Todas. As maravilhosas e importantíssimas, e as aparentemente irrelevantes e singelas.

Enfim, sua bagagem está cada dia mais extensa, mas espero que isso nunca te impeça de alçar os voos altos que você tá almejando agora.

EU QUERO TE VER REALIZANDO CADA COISA QUE VOCÊ ME CONTAVA E QUE PARECIA UM SONHO IMPOSSÍVEL.

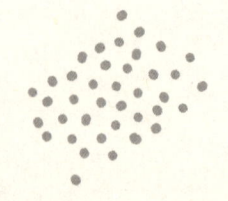

Voe, meu bem.
Voe e só pare quando estiver vivendo tudo de incrível que você merece viver.
Voe e também saiba os momentos de descansar, de pausar, de apreciar a beleza do caminho.

Voe sem se esquecer do tanto que se esforçou para fortalecer suas asas e aprender o jeito certo de ir.
Voe entendendo que errar o caminho faz parte, se perder é normal e mudar de rota é sempre possível.
Voe em alguns momentos sem expectativas, sem pressa, sem pensar muito nos resultados.

No final das contas, independentemente do que aconteça, você sempre vai encontrar o caminho de volta, e é isso que importa.

QUE O MEDO DA MUDANÇA NÃO TE FAÇA PERMANECER EM SITUAÇÕES DESCONFORTÁVEIS OU LONGE DA SUA FELICIDADE.

Tem dia que você vai precisar se colocar no colo, fazer um cafuné e se lembrar de todos os seus detalhes bonitos. Tem dia que você vai ter que pegar na sua mão e se levar mais um pouco para a frente, se incentivar, se sacudir. Tem dia que você vai receber um milhão de provas de que na maior parte do tempo será você e você, e tá tudo bem.

Você dá conta de ser você.
Você dá conta de tudo que está ao seu redor.
E entenda "dar conta" não como controlar tudo, mas como não ter nenhuma dúvida do tanto de força, coragem e inteligência que você possui.

Mesmo quando tudo está bagunçado, mesmo quando algumas coisas saem totalmente diferentes do que você queria, mesmo quando esbarra em pessoas que

>>

>>

não reconhecem o seu valor, você continua sendo esse universo de motivos para se orgulhar.

Enfim, isso tudo só pra te dizer que você consegue. Não importa o que, não importa quando, não importa o tanto, você consegue.

Consegue demais.

QUE TODA
VEZ QUE
VOCÊ ACHAR
QUE PERDEU
ALGUMA COISA,
A VIDA TE TRAGA
ALGO MELHOR.

Que toda vez que você achar que nunca mais vai viver algo tão maravilhoso, a vida venha e surpreenda.

Surpreenda mostrando outros ângulos, lugares e perspectivas. Outros sonhos, outras pessoas, outras oportunidades. Outras versões suas.

Que cada porta fechada, página virada e pé na estrada permita o encontro de coisas ainda mais bonitas, ainda mais interessantes, ainda mais empolgantes.

Que sempre que você duvidar que consegue ser feliz de novo, você tenha provas inquestionáveis de que consegue ser feliz em dobro.

Em triplo.

Mil vezes mais.

– E se não der certo?

– Você se levanta, sacode a poeira, colhe os aprendizados.

– E se der certo e eu descobrir que não era isso que eu queria?

– Você agradece a oportunidade e cria coragem para seguir em outra direção.

– E se eu me perder no caminho?

– Você continua caminhando, prestando atenção na beleza ao redor, aproveitando os pequenos momentos, sendo você da melhor forma. A vida sempre acaba se ajeitando e colocando tudo nos seus devidos lugares. Você só precisa fazer a sua parte. Com bravura. Com medo. Do jeito que for possível.

– E SE DER ERRADO?

– E SE FOR A COISA MAIS **INCRÍVEL** QUE VOCÊ VIVEU?

QUANDO AS COISAS ESTIVEREM DANDO CERTO, NÃO SE SURPREENDA. É O BEM VOLTANDO PRA VOCÊ, É A VIDA RETRIBUINDO, É DEUS TE MOSTRANDO QUE VALE A PENA TER CORAÇÃO BOM.

Você vai conquistar todas essas coisas boas das quais fala com empolgação, que vibra com energia boa, pelas quais trabalha duro e coloca o seu melhor.

Você vai realizar esses sonhos bonitos que tem hoje e vai sonhar novos sonhos e realizá-los também.

Vai ter momentos incríveis que jamais imaginou. Vai abraçar novidades. Vai começar e recomeçar coisas que nem faz ideia neste momento. Você vai mudar, e suas prioridades, vontades e sentimentos também, e tenho absoluta certeza de que essas suas novas versões conquistarão coisas lindas também.

Vai dar trabalho.
Vai ter suor e vão ter lágrimas eventualmente.
Nem todos os dias serão bons.
Os dias de luta serão maioria, sem dúvidas.

>>

\>>

Mas vai ter prosperidade, realização, coração empolgado e toneladas de emoções boas. Isso também é uma enorme certeza.

Vai ter você todos os dias dizendo "valeu a pena" e percebendo que tudo, tudo, tudo fez sentido.

Tô aqui torcendo por você. E acreditando junto.

QUE TUDO QUE VOCÊ PLANEJOU COM OS OLHOS BRILHANDO E O CORAÇÃO EMPOLGADO SAIA MELHOR DO QUE O ESPERADO.

Sabe qual a coisa mais importante que a
gente pode desejar para uma pessoa?

Que a vida retribua tudo que ela é e faz.
Que cada um tenha um caminho com a
mesma beleza que tem dentro do coração.
Que colha o que plantou. Que tenha aquilo
que merece. Nem mais, nem menos.

Porque cedo ou tarde tudo acaba nos
encontrando. Mesmo que pareça que não.
O que é pra ser nosso já sabe onde
a gente mora.

QUE A VIDA RETRIBUA ESSE TANTO DE COISAS BOAS QUE VOCÊ É.

LEIA TAMBÉM

VICTOR FERNANDES
PRA VOCÊ QUE AINDA É ROMÂNTICO

Planeta

ALGO NO INTERIOR
DO MEU CORAÇÃO
GRITA ALTO:
"A ESSÊNCIA
TÁ INTACTA".
UFA! E EU ME LEVANTO,
COLOCO UM CURATIVO
MENTAL EM TODAS AS
MINHAS DORES,
BUSCO OS
APRENDIZADOS E SIGO.
EU SEMPRE SIGO.

VICTOR FERNANDES
PRA VOCÊ QUE SENTE DEMAIS
Planeta

DEVAGARINHO VOCÊ VAI PERCEBER SEU CORAÇÃO SE ACALMANDO, A VIDA ORGANIZANDO, AS SOLUÇÕES SURGINDO. CALMA, TÁ?

VICTOR FERNANDES
PRA VOCÊ QUE TEVE UM DIA RUIM

Planeta

E, SIM,
VAI PASSAR.
VAI, SIM.
VOCÊ SABE.

Victor Fernandes

Coisas que preciso te dizer hoje

Mensagens para abraçar seu coração

Planeta

UM LIVRO PARA LER SEMPRE QUE VOCÊ PRECISAR DE UM CONSELHO.